世界の伝承あやとり

オセアニアのあやとり ❶

野口とも

あやとりの宝庫で見つけた傑作選
［オーストラリア・パプアニューギニア・ニュージーランド編］

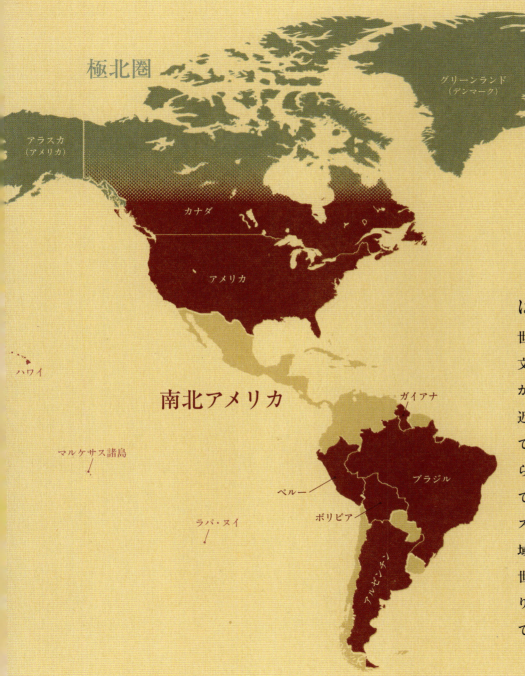

はじめに

世界の伝承あやとりは、その昔、文字を持たなかった地域の人々が、たった1本のひもの輪から身近な風景や生き物、暮らしの中での教えなどを形にして、親から子へ、子から孫へと伝えられてきた原始芸術です。本シリーズでは、これらのあやとりを地域別に5冊にわけて紹介します。世界各地の地域色豊かなあやとりを写真を通して大いに楽しんでいただければ幸いです。

野口とも

もくじ

第1章
オセアニアのあやとり 5

オーストラリアのあやとり 6
カヌー 6
たつまき 8
水のみ場 10
木にのぼる男 12
真昼の太陽 14
糸つむぎ 16
赤ん坊が生まれる 18
さかとげのある槍 20

オーストラリア領トレス海峡諸島のあやとり 22
ヤシの木 22
2本マストのカヌー 24
とげうお 26
モア島 28
しまあじの網 30
うみへび 32
大こうもり 34
ベッドとねむりん坊 36

パプアニューギニアのあやとり 38
メロン貝 38
帆のあるカヌー 40
ロープのつり橋 42
かめ 44
天の川 46
人食いワニ 50
小舟〜かに 52
月（月と2つの星）56
ぶたの親子 58
ポット 60

ニュージーランドのあやとり 62
キウイ 62　　ゆうれいの家 69
マウイ四兄弟 64　　山 70
くもの巣 66　　くじら 71
大きな家 68

[コラム1]「天の川」のあやとり 72

第2章
とってみよう 73

あやとりの基本 74

初級
糸つむぎ 78
木にのぼる男 80
ベッドとねむりん坊 82
水のみ場 84
キウイ 86

中級
かめ 88
しまあじの網 90
ロープのつり橋 92
モア島 95
カヌー 98

たつまき 100
真昼の太陽 102

上級
小舟〜かに 106

[コラム2]あやとり採集物語 112
あやとりの歴史 113
あやとり研究の先駆者たち 114
日本あやとり協会の発足 115
国際あやとり協会の設立と働き 116
あとがき 118

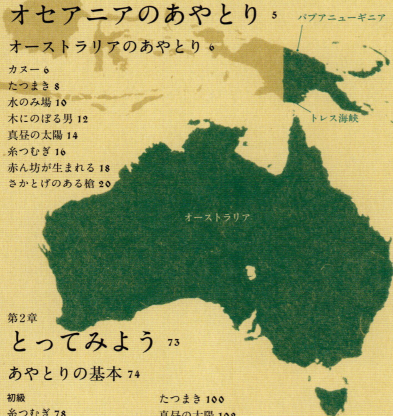

第1章
オセアニアのあやとり

国際あやとり協会(p.116)の調べによると、世界中には3000種類以上のあやとりが存在しています。そのうちの約3分の2の2000種類がオセアニアのあやとりなのです。オセアニアはまさにあやとりの宝庫と言えるでしょう。オセアニアの人々は海や自然に囲まれて暮らしているので、海に関するものや、自然を表したあやとりが多くみられます。オセアニアでは大人も子どもも、男性も女性も、あやとりを楽しんでいました。

※第1章に写真を掲載したあやとりの中で、とり方を紹介するものには第2章の掲載頁を記しています。

オーストラリアのあやとり

オーストラリアの先住民アボリジニの世界ではあやとりが盛んで、約400種類が採集されています。
南オーストラリアでは男性も女性も集まってあやとりをとりながら物語を語っていたそうですし、
オーストラリア北部イルッカラ地方のアボリジニについての調査でも、
あやとりがアボリジニの人々にとって重要な文化であったと認められています。

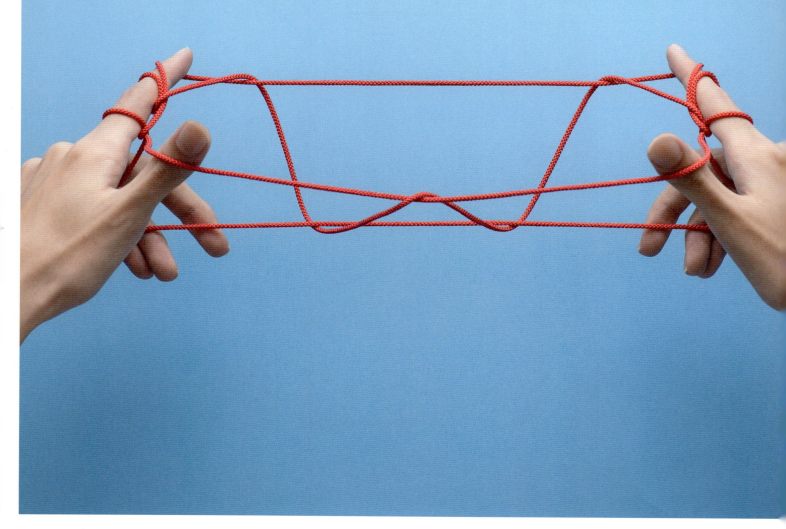

[とり方 ▶ p.98]

カヌー A Canoe

オーストラリア大陸の北端、ヨーク岬で採集されました。「カヌー」から「たつまき」へと続く連続あやとりです。「マレのかまえ」という独特のとり方ではじめます。

出典＝K. Haddon, *Some Australian string figures*, 1918

7

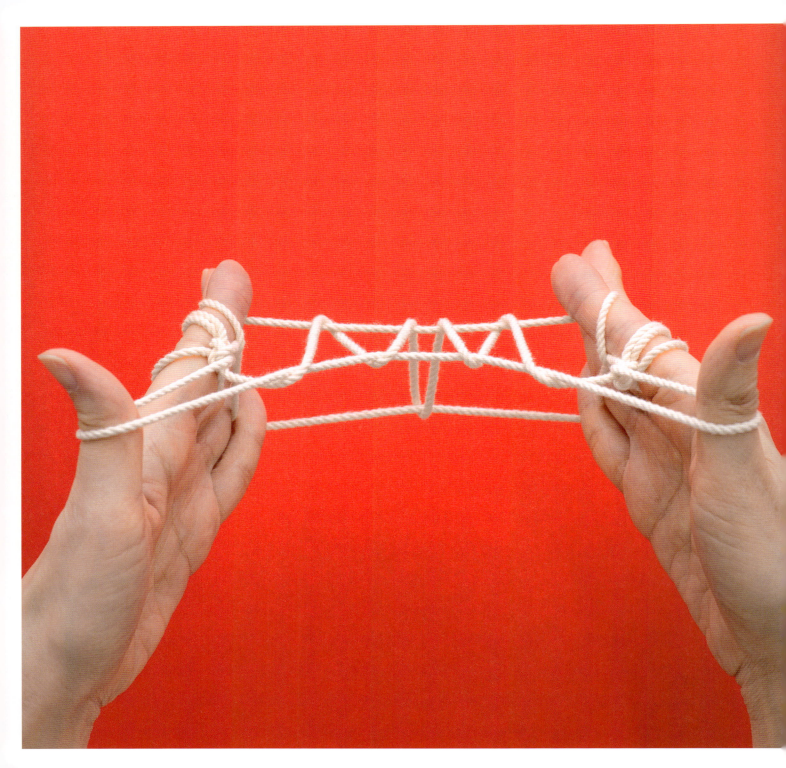

[とり方 ▶ p.100]

たつまき
A Waterspout

「カヌー」の完成形から続けてとります。カヌーと同じくできあがりのパターンは立体的で、「たつまき」の様子を見事に表現しています。

出典= K. Haddon, *Some Australian string figures*, 1918

水のみ場
A Waterhole

オーストラリア北部ノーザンテリトリーに住むアボリジニのあやとりです。片方(かたほう)の手をひっくり返すと隠(かく)れていた「水のみ場」が現(あらわ)れます。水のみ場は人々の生活に欠かせない大切な場所でした。D. S. ダビッドソンが採集(さいしゅう)しました。

出典 = D. S. Davidson, *Aboriginal Australian string figures*, 1941

[とり方 ▶ p.84]

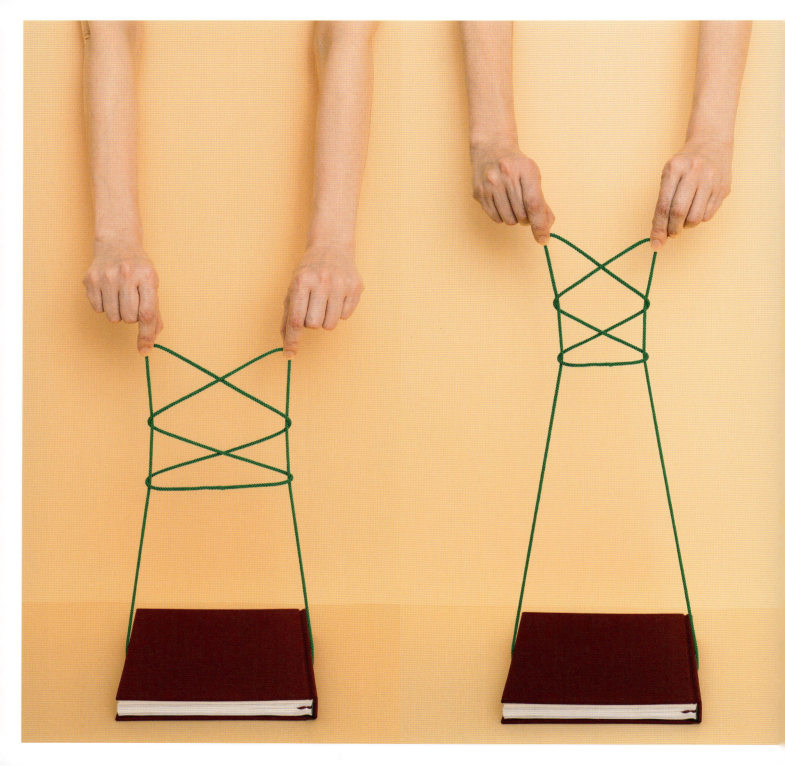

[とり方 ▶ p.80]

木にのぼる男
A Man Climbing A Tree

20世紀初頭に、オーストラリア大陸の北部ベッドフォード岬で現地のアボリジニから採集されました。男性がヤシの木にスルスルとのぼっている様子を表しています。採集した英国人医師で人類学者のW. E. ロスは、アボリジニや南米ガイアナの先住民の保護活動も行いました。

出典 = K. Haddon, *Some Australian string figures*, 1918

真昼の太陽 Full Sun

中央のダイヤの形が太陽を表しています。他のひもは太陽光線を表していて、真昼のまぶしい様子が表現されています。続けてとると日没になります。オーストラリア北東部クイーンズランド州北部のアボリジニからG. A. V. スタンレーが採集しました。

出典＝G. A. V. Stanley, *String figures of the North Queensland Aborigines*, 1926

[とり方 ▶ p.102]

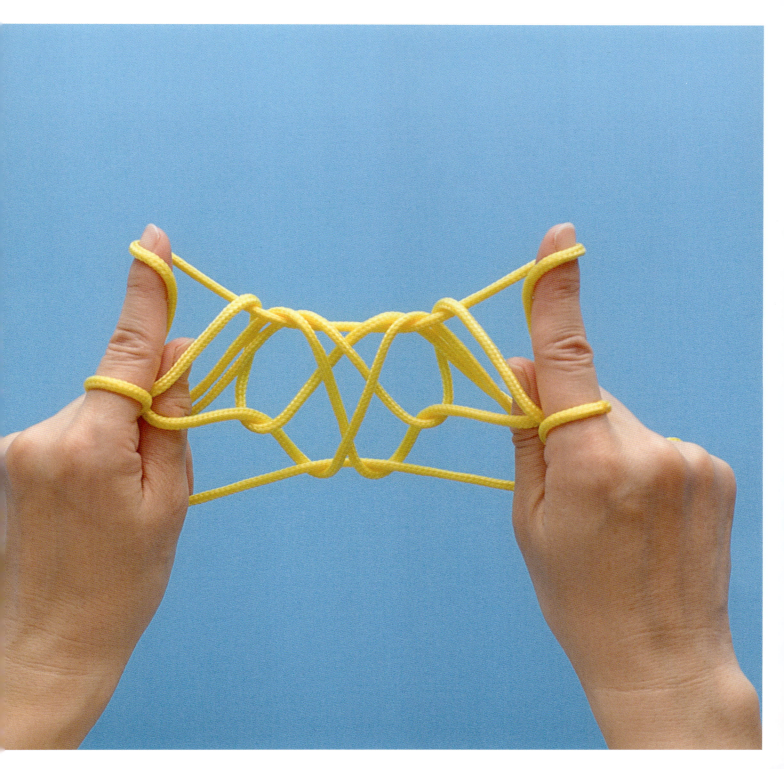

ひもを二重にしてくるくる回しながらとっていきます。できあがりの形が糸を紡いでいるように見えることから「糸つむぎ」と名づけられました。ノーザンテリトリー北部アーネムランドに住むアボリジニからF. D. マッカーシーが採集しました。

出典 = Collected by F. D. Maccarthy from the aborigines of Yirrkala

[とり方▶p.78]

赤ん坊が母親の胎内から生まれ落ちる様子を表現しています。とり方も変わった大変珍しいあやとりです。イルッカラ地方でD. S. ダビッドソンが採集しました。

出典＝D. S. Davidson, *Aboriginal Australian String Figures*, 1941

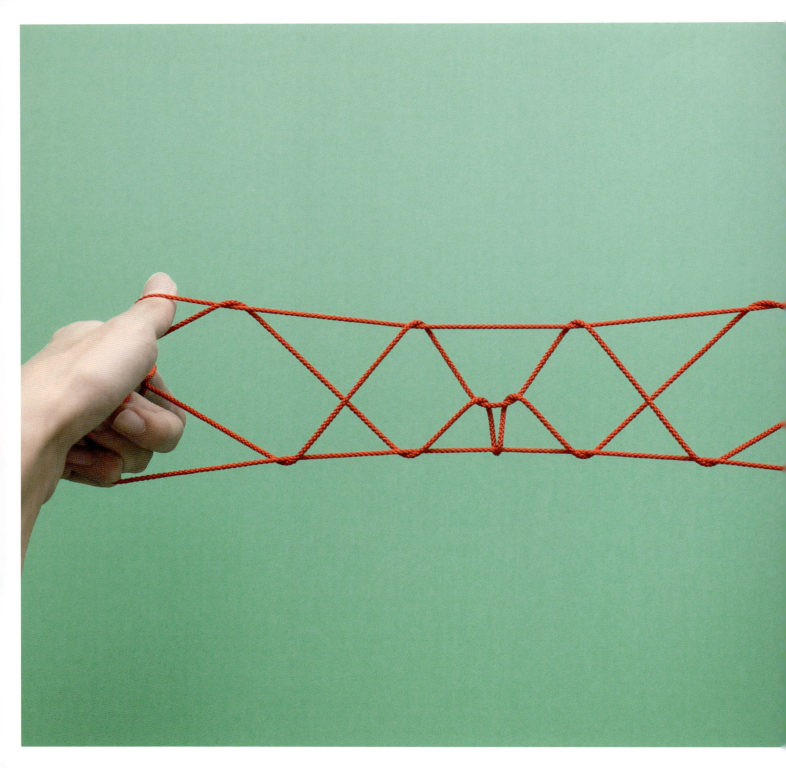

さかとげのある槍
Barbed Spears

左右対称形の整った形ですが、とり方は左右別々の操作をします。この完成形から親指と小指を外すと槍が飛び去り、もとのかまえに戻ってしまいます。

出典 = K. Haddon, *String Games for Bigginers*, 1934

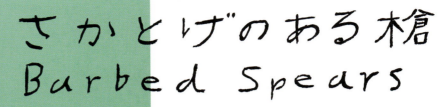

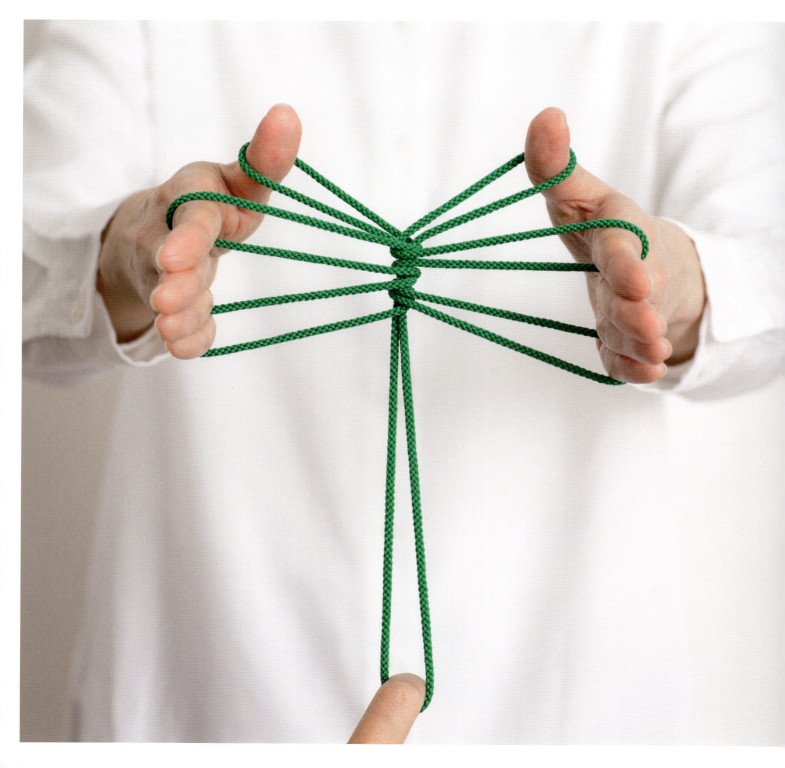

オーストラリア領
トレス海峡諸島のあやとり

オーストラリアとニューギニア島を隔てるトレス海峡の島々には、
トレス海峡諸島民と呼ばれる先住民が暮らしていました。
1888年にトレス海峡の海洋生物の調査に訪れた
イギリス、ケンブリッジ大学のA. C. ハッドン博士が、
トレス海峡のあやとりを数多く採集しました。
その後、C. F. ジェーン夫人がそれらのとり方を記録に残し、
後世に伝えられました。

ヤシの木
A Palm Tree

とり方はとても単純ですが、南国の「ヤシの木」をよく表していま
す。今や日本の子どもたちにも大変人気のあるあやとりです。
A. C. ハッドン博士が採集しました。

出典 = C. F. Jayne, *String Figures and How to Make Them*, 1906

2本マストのカヌー
A Canoe with Two Masts

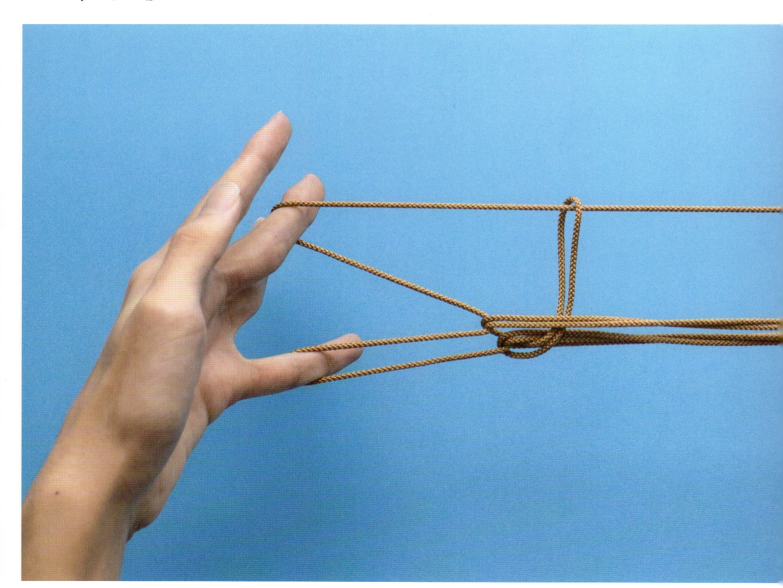

とり方は複雑で口や足を使ってひもをおさえます。
A. C. ハッドン博士が採集しました。

出典＝C. F. Jayne, *String Figures and How to Make Them*, 1906

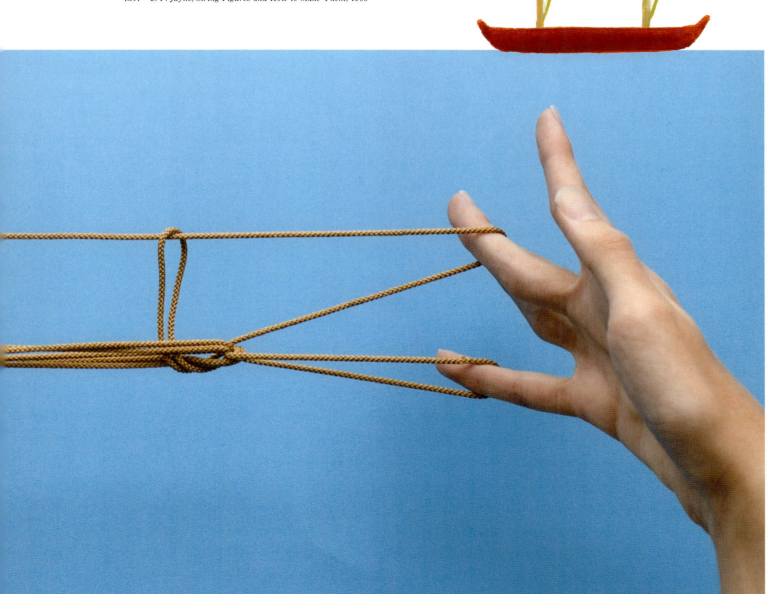

とげうお
A Trigger Fish

南洋の色鮮やかな熱帯魚の一種なのでしょうか、とげの特徴がよく出ています。A. C. ハッドン博士が採集しました。

出典 = C. F. Jayne, *String Figures and How to Make Them*, 1906

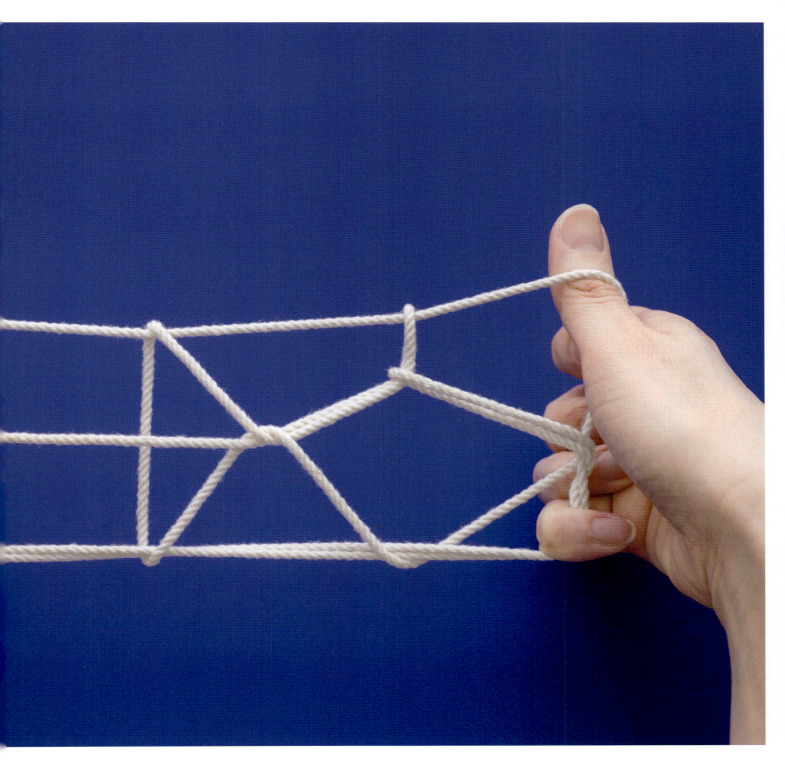

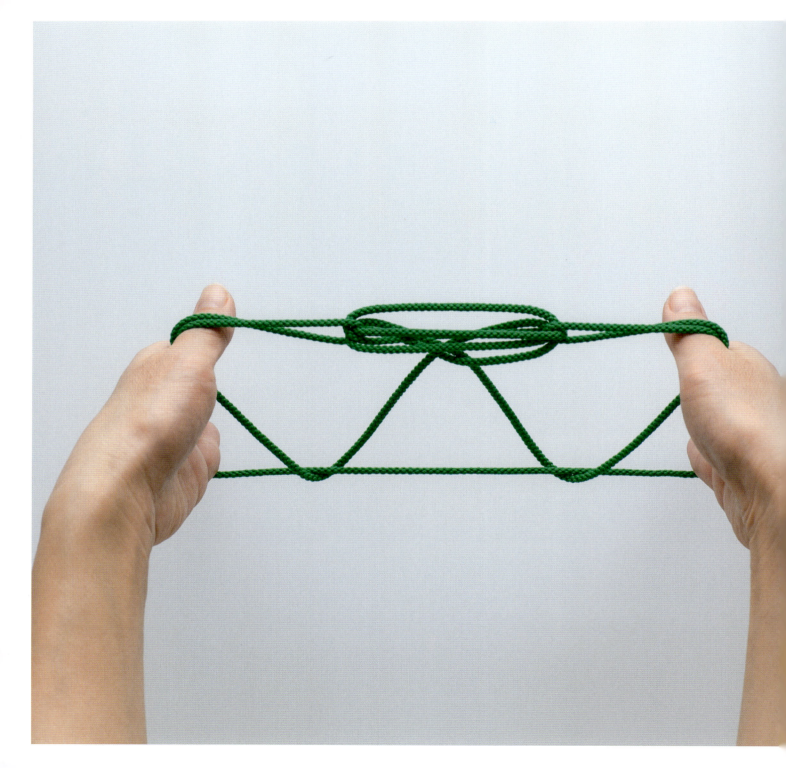

モア島
The Island of Moa

トレス海峡に浮かぶ小さな島、「モア島」は小高い山になっていて、その上空にはいつも雲がかかっています。そんな独特の光景を、人々は毎日見ながら暮らしていました。

出典 = K. Haddon, *String Games for Bigginers*, 1934

［とり方 ▶ p.95］

[とり方 ▶ p.90]

しまあじの網
Kingfish

完成形を「網」とみなし、もうひとりが網に通す腕を「魚」に見立てます。完成形から左手の小指を外し、右手を引くと魚は捕まります。右手を外し左手を引くと魚は逃げてしまいます。

出典＝K. Haddon, *Cat's Cradle from Many Lands*, 1912

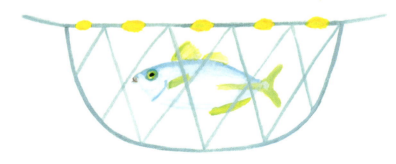

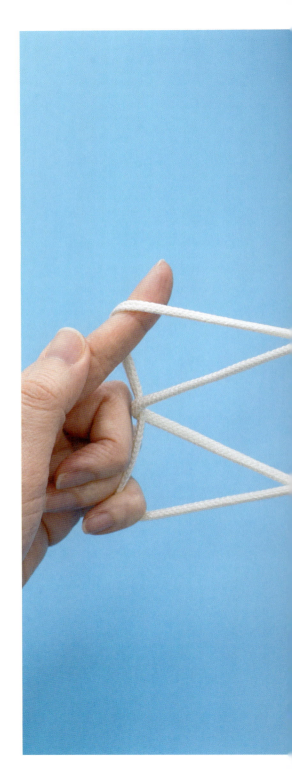

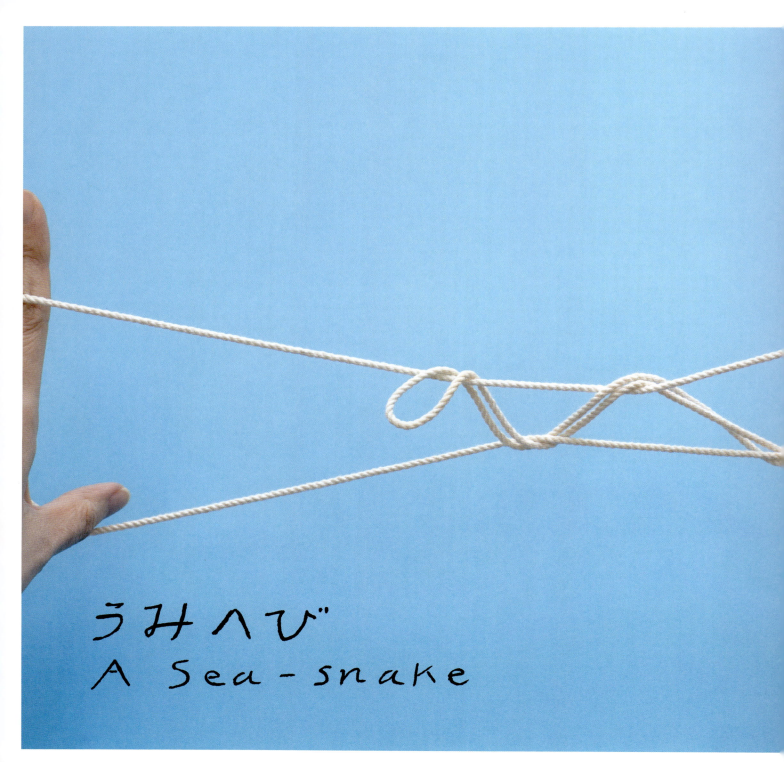

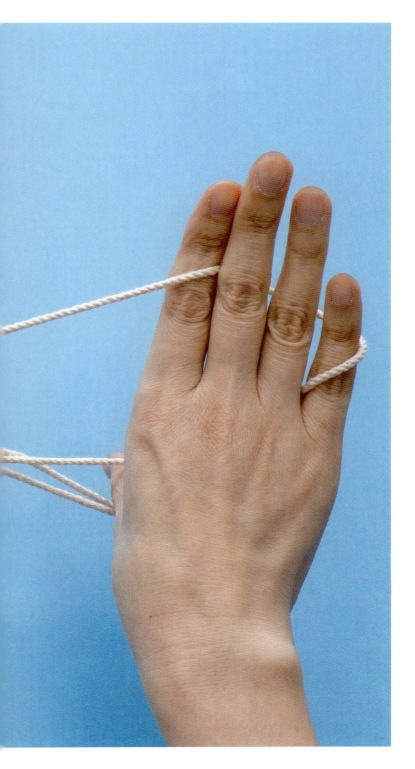

できあがりの形はシンプルですが、とり方は複雑(ふくざつ)です。長めのひもを使ってほとんど左手だけでとり、できあがりの形も非対称(ひたいしょう)です。ひもをゆっくり引くとへびは右に泳いでいきます。A. C. ハッドン博士が採集(さいしゅう)しました。

出典 = C. F. Jayne, *String Figures and How to Make Them*, 1906

大こうもり
Flying Fox

「とげうお」ととり方が大変似ています。とげうおは右手だけで魚の体を作りますが、「大こうもり」は左手と右手を同じようにして2匹のとげうおを作るような操作をすると、不気味に羽を広げた大こうもりに変身します。

出典 = K. Haddon, *Cat's Cradle from Many Lands*, 1912

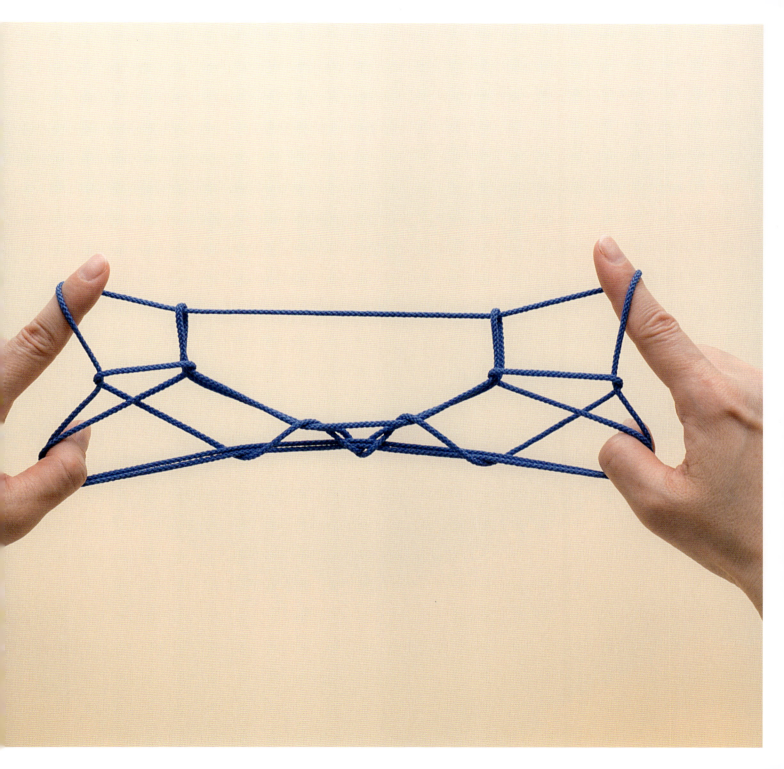

ベッドとねむりん坊
A Man and A Bed

[とり方 ▶ p.82]

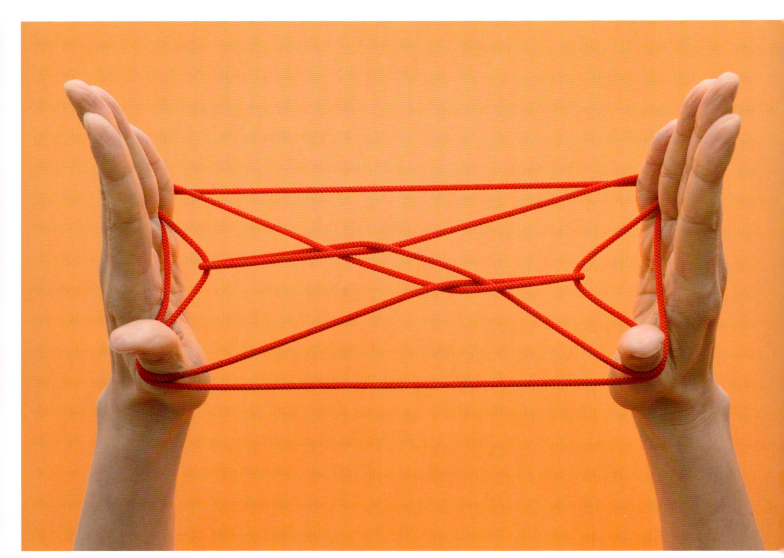

現地の人々がどのようなベッドを使用していたかは分かりませんが、次のような歌が付いています。「○○さんがねてる♪ ベッドでねてる グーグーグーグー♪ ベッドでねてる♪ あっ!」と歌いながら、「あっ!」のところで小指のひもを1本外すとベッドの底が抜けて、ねていた男性が落っこちてしまいます。

出典 = C. F. Jayne, *String Figures and How to Make Them*, 1906

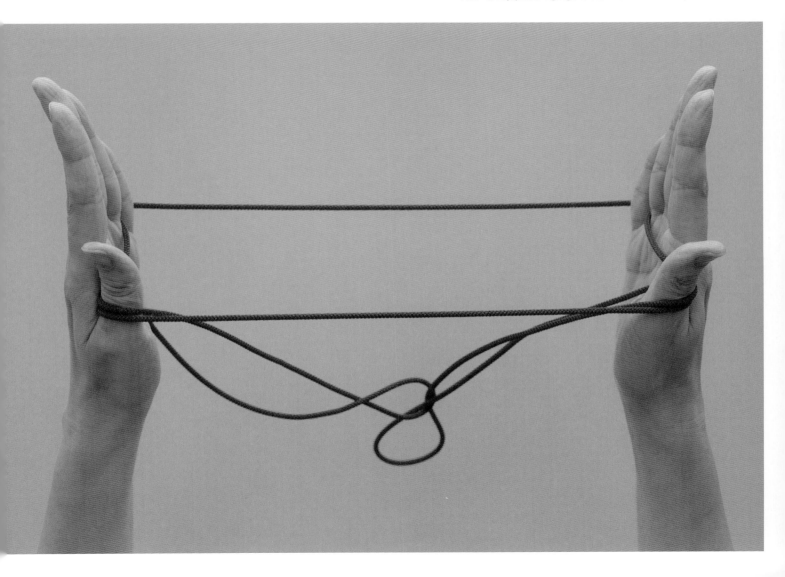

パプアニューギニアのあやとり

英国国教会の宣教師としてパプアニューギニアに派遣された
P. D. ノーブル氏によってたくさんのパプアニューギニアのあやとりが採集されました。
また、国際あやとり協会設立者の野口廣も、1984年にパプアニューギニアの高地、
マウントハーゲン付近で約20種ほどのあやとりを採集しています。

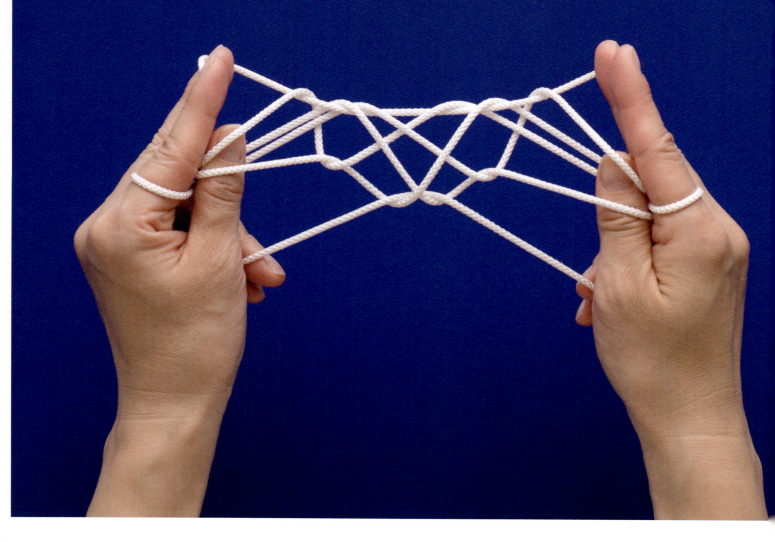

メロン貝
A Mellon Shell

パプアニューギニアのバミュ川流域のあやとりです。メロン貝は大きくて現地の人はこれを鍋の代わりに使って料理をしていました。「真昼の太陽」ととり方が似ています。A. C. ハッドン博士の娘キャサリン・ハッドンが採集しました。

出典 = K. Haddon, *String Games for Bigginers*, 1934

帆のあるカヌー
Sailing Canoe

海岸から遠く離れた奥地に住む人々のあやとりです。棒状の道具を使って最後に帆をたてます。少し長めのひもを使うと形がきれいにできます。P. D. ノーブルによって採集されました。

出典 = P. D. Noble, *String Figures of Papua New Guinea*

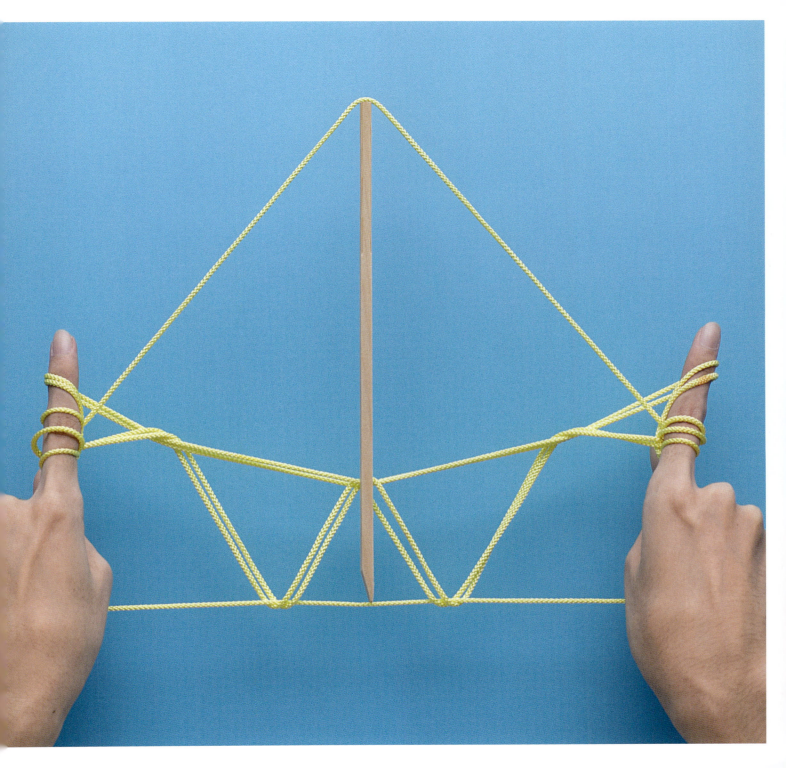

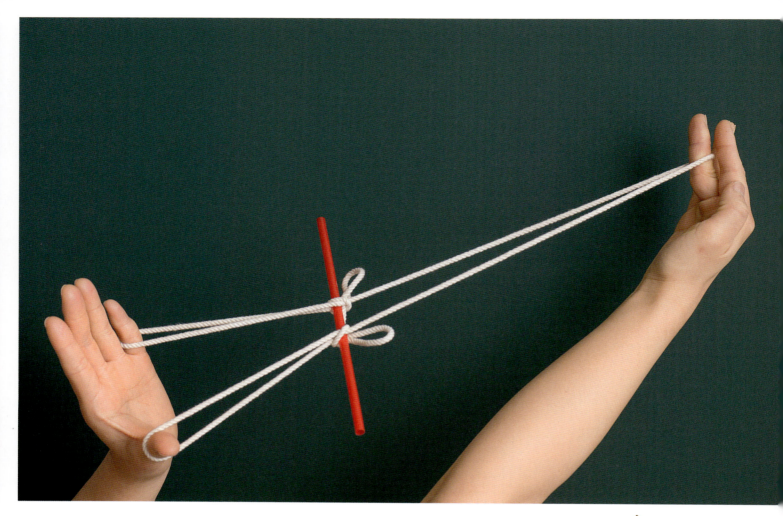

ロープのつり橋
Rope Bridge

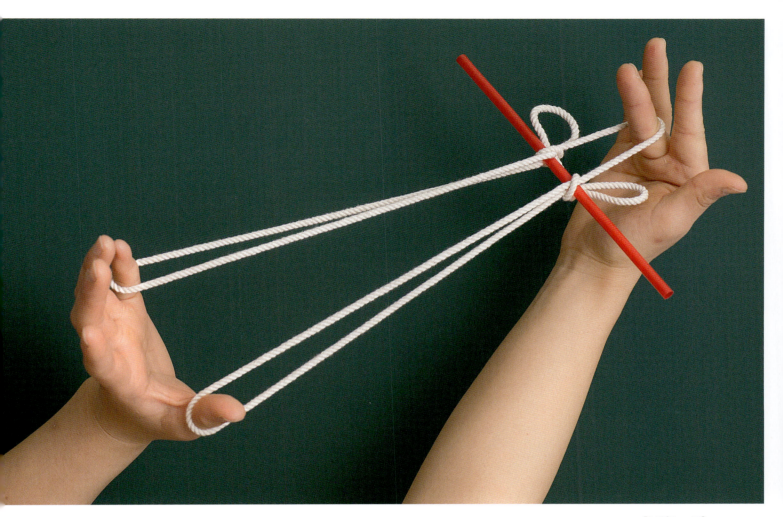

[とり方▶p.92]

向こうの山から谷川を越えて、こちらの丘まで2人の人が大きな荷物を担いで「ロープのつり橋」を渡ってくる様子を表しています。かなり太いロープだったにちがいありません。野口廣がマウントハーゲンで採集したあやとりです。

出典＝野口廣「Same String Figures of highland people in Papua New guinea」1987年

かめ Turtle

完成形ができたらひもを手から外して、平らなところにおいて眺めるあやとりです。1975年に野口廣(ひろし)がパプアニューギニアから来ていた留学生(りゅうがくせい)のM. タボガニさんを通じて採集(さいしゅう)しました。

出典＝野口廣『あやとり 続々』河出書房新社、1975年

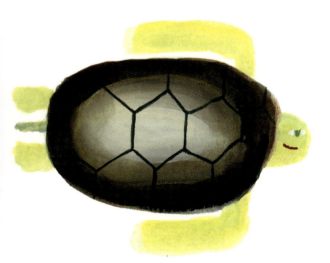

[とり方 ▶ p.88]

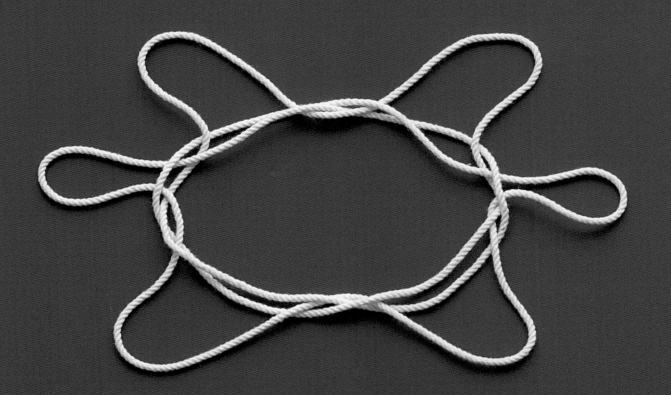

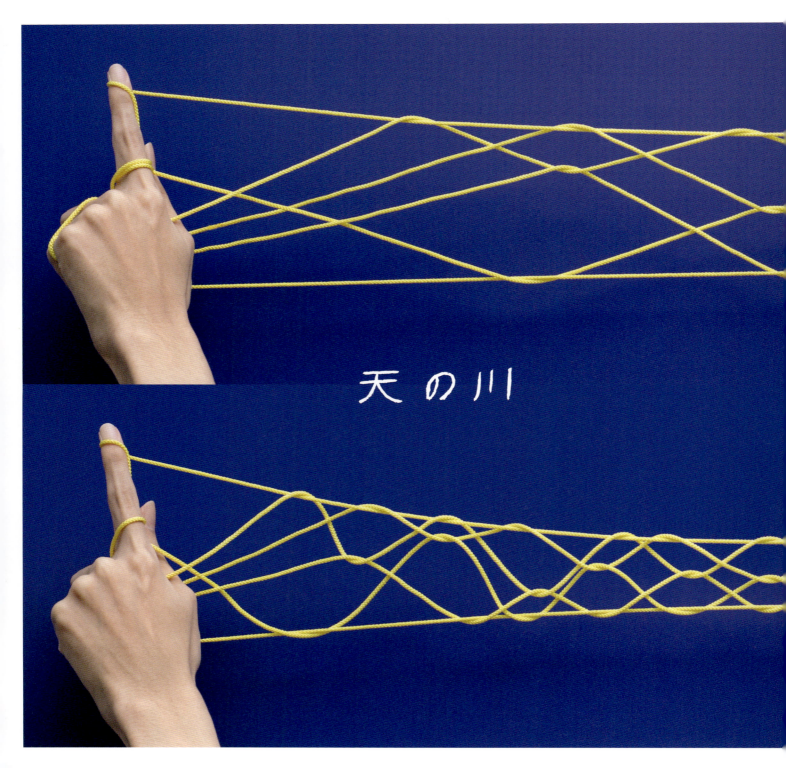
天の川

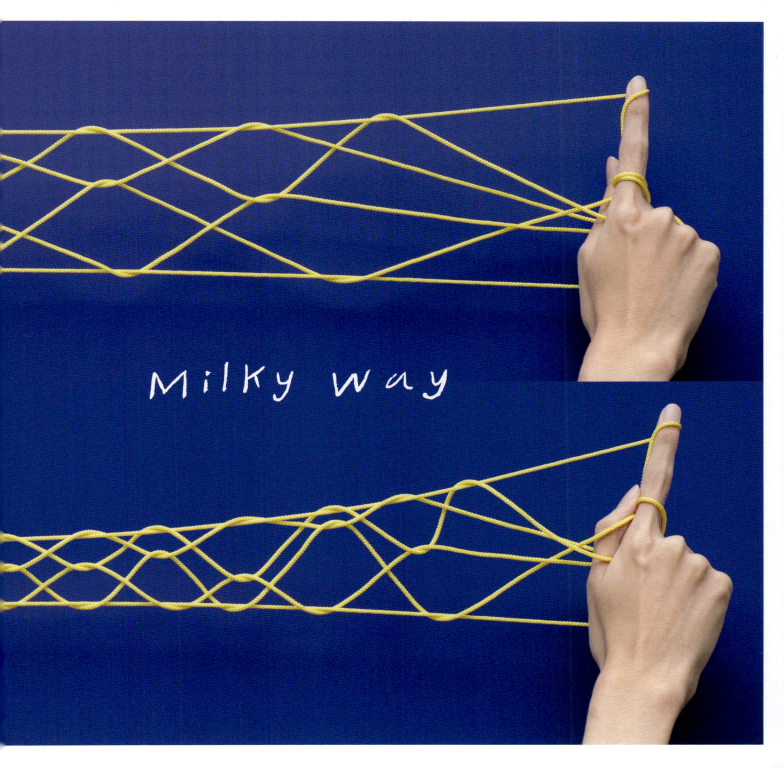

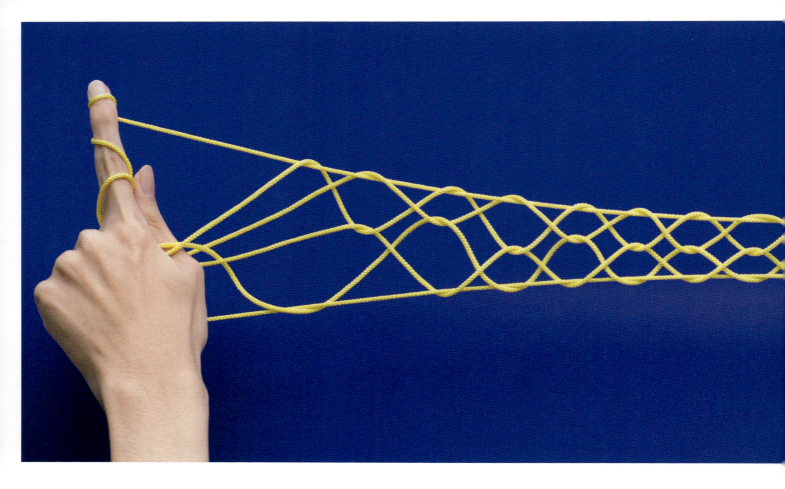

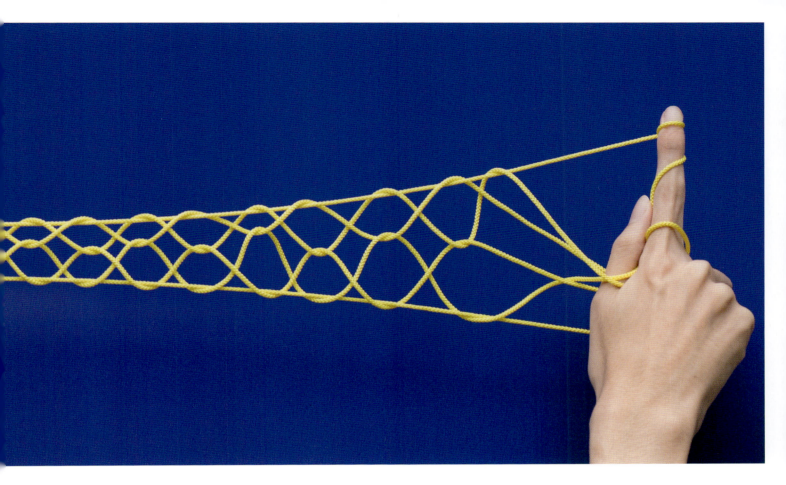

パプアニューギニアの夜空を彩る天の川の雄大なあやとりです。同じ操作をするたびに両側に星が12個ずつ増えていきます。

出典＝野口廣『あやとり 続』河出書房新社、1974年

人食いワニ
Crocodile

ひもを口でくわえて、獰猛なワニの様子を表現しています。これは野口廣が「天の川」といっしょにM.タボガニさんから採集しました。

出典＝野口廣『あやとり 続々』河出書房新社、1975年

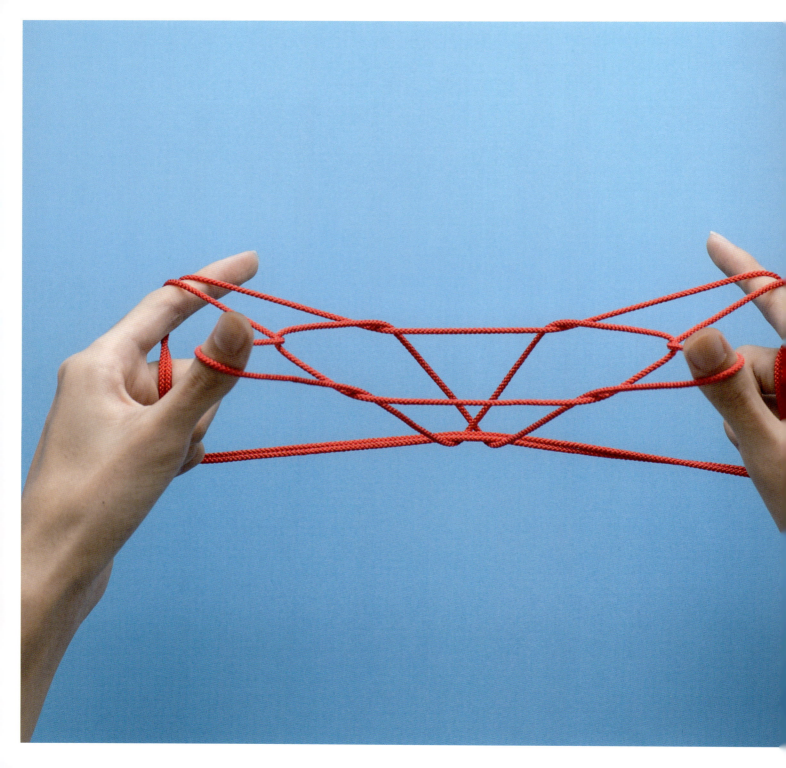

[とり方 ▶ p.106]

小舟 A Boat

パプアニューギニア、フライ川河口近くにあるキワイ島で採集されました。マングローブの生い茂る浅瀬を小舟で進み、かにを捕まえるという現地の人々の暮らしが見えてくるような連続あやとりです。　出典＝ C. F. Jayne, *String Figures and How to Make Them*, 1906

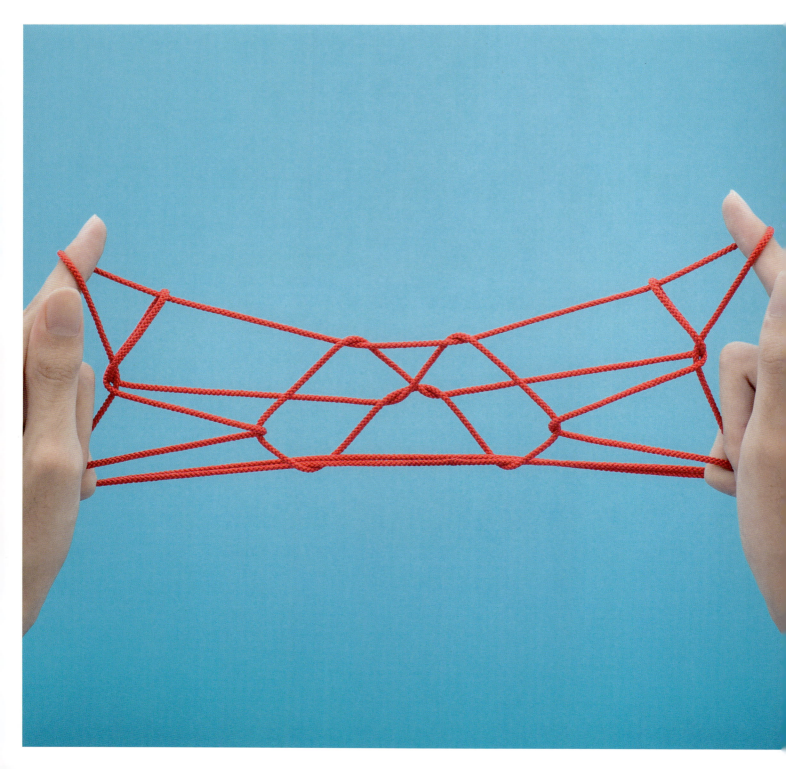

[とり方 ▶ p.106]

かに A Crab

日本にも「かに→納豆(なっとう)→女の子」のように「かに」のあやとりはありますが、パプアニューギニアのかには胴体(どうたい)も大きくはさみや足なども太くて堂々としているように見えますね。

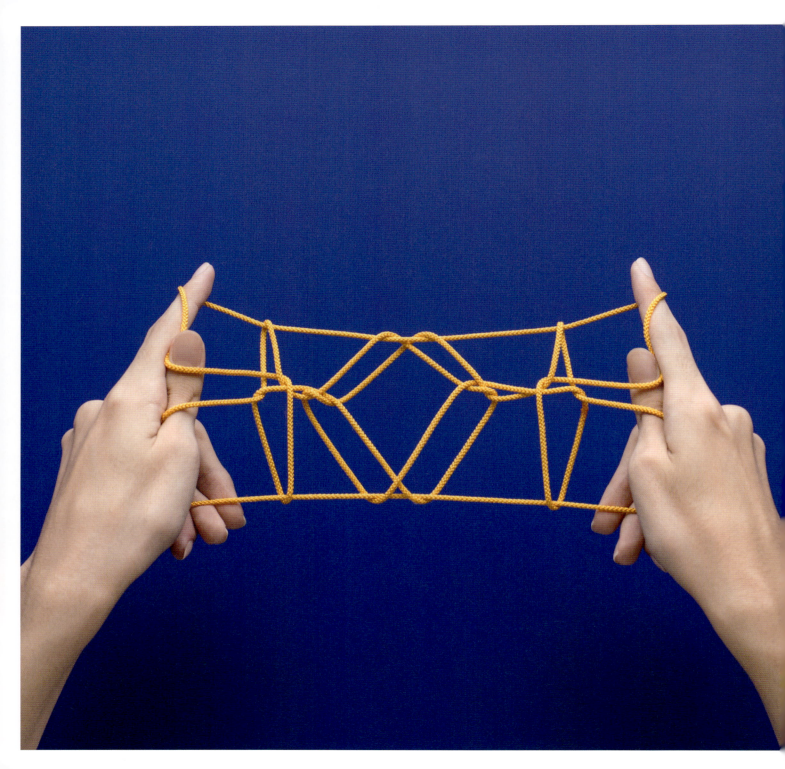

月（月と2つの星）
The Moon

このあやとりの英語名は単に「月」となっていますが、月は中央のダイヤのみで、左右の形は星を表しています。パプアニューギニアではこの「月」は男性(だんせい)を表し、「星」は女性(じょせい)を表すと伝えられているそうです。

出典 = K. Haddon, *Artists in String*, 1930

ぶたの親子
Pigs

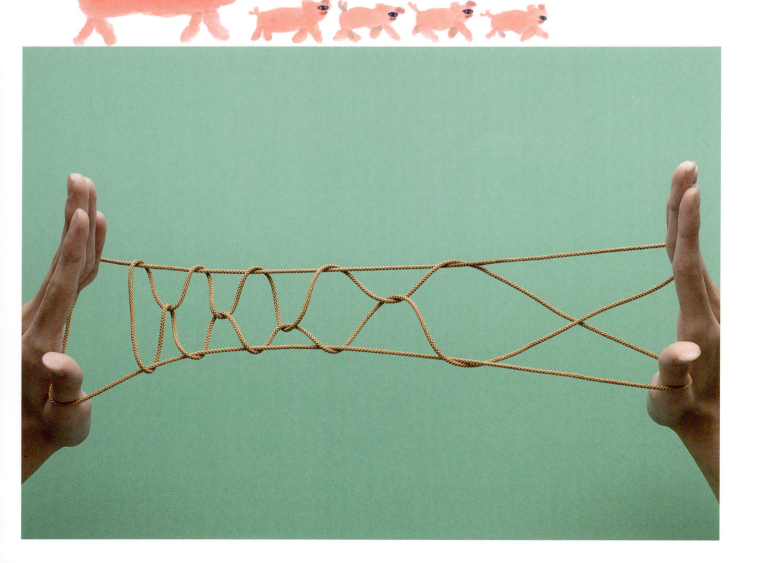

母ぶたが子ぶたたちをおいかけている様子を表しています。ひもを右に引くとぶたは右に走り、ひもを左に引くとぶたも左に走ります。オセアニアにはこのように動かして遊ぶあやとりがたくさんあります。

出典 = K. Haddon, *Artists in String*, 1930

ポット A Pot

「ポット」とは料理をする鍋のことを指しています。パプアニューギニアの人々は、大きな鍋に魚や野菜などをたくさん入れて、みんなで大家族の料理を作っていたようです。6人が片手だけで、または3人が両手を使ってとります。

出典＝Collected by H. Fischer from the people of Eastern New Guinea

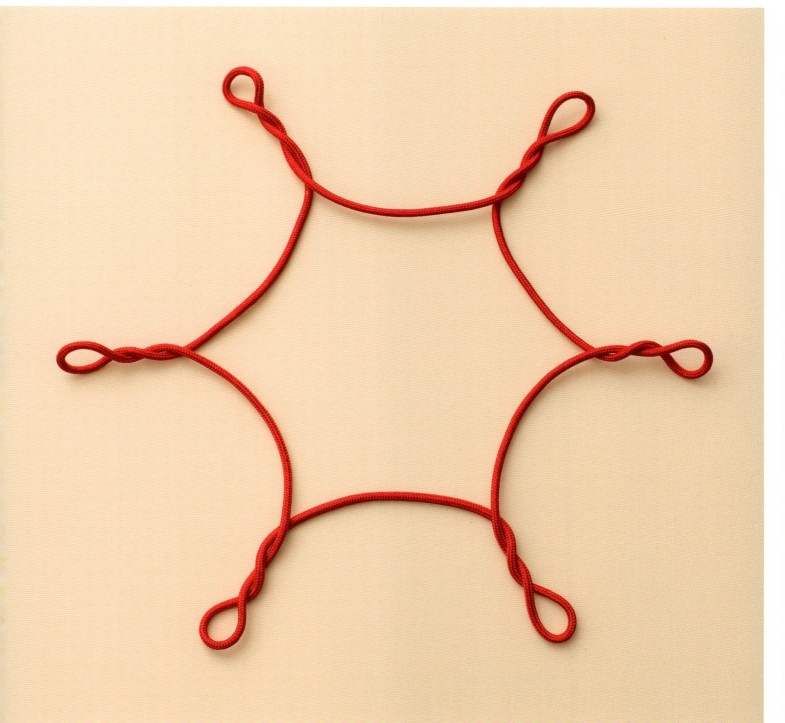

ニュージーランドのあやとり

先住民マオリのあやとりには、神話や伝説にもとづくものも数多くあり、儀式などでもあやとりが使われていました。マオリの人々にとってあやとりは重要な文化でした。
複数人でとったり、2本のひもでとったりするのが特徴と言えます。
なお後述の「大きな家」(p.68)はヤップ島(ミクロネシア連邦)でも採集されています。

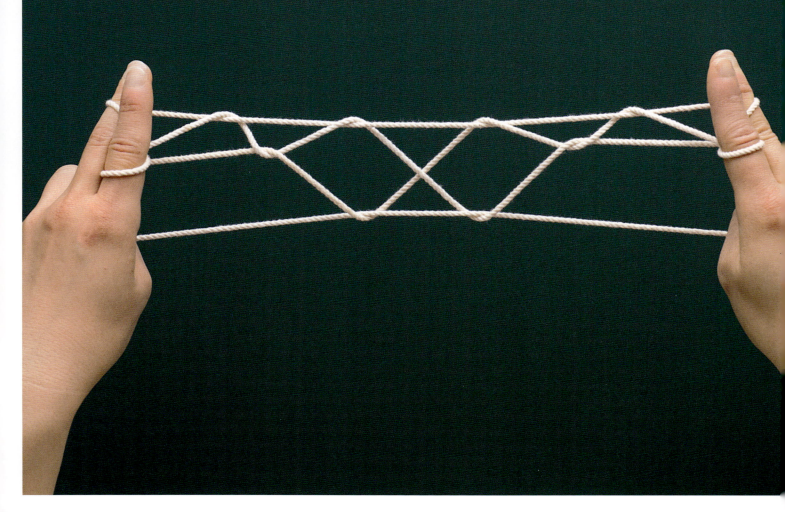

[とり方▶p.86]

キウイ Kiwi

キウイはニュージーランドの国鳥で、飛べない鳥です。2羽のキウイが反対向きでお尻をくっつけている様子を表しているマオリのあやとりです。

出典 = J. C. Andersen, *Maori String Figures*, 1927

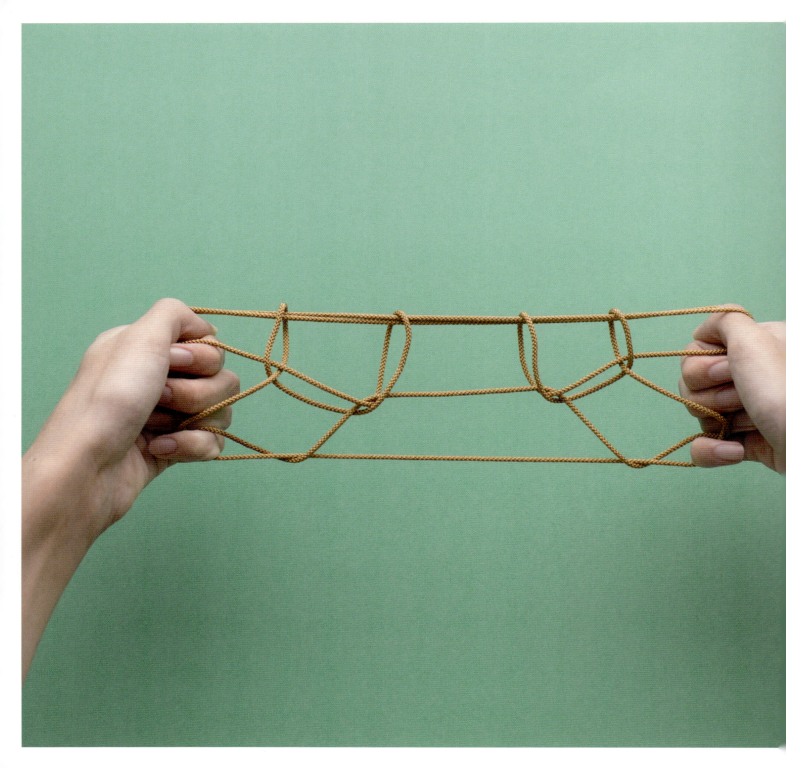

マウイ四兄弟
Māui

「マウイ（Maui）」とはポリネシア神話に登場する神様のことです。ニュージーランドの伝説では、太平洋の島々はマウイが釣り上げて創造したとされています。このあやとりはマオリ族に伝わるもので、マウイの四兄弟を表しています。

出典＝J. C. Andersen, *Maori String Figures*, 1927

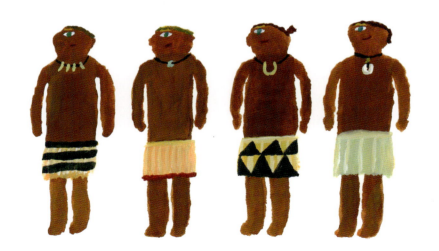

くもの巣 Cobweb

長いひもを2人がとりあって、最後に3人目の人が、もう1本のひもで回りを囲むというとり方をします。あやとりの「くもの巣」が美しくできあがりました。J. C. アンデルセンがマオリの若者から採集しました。

出典 = J. C. Andersen, *Maori String Figures*, 1927

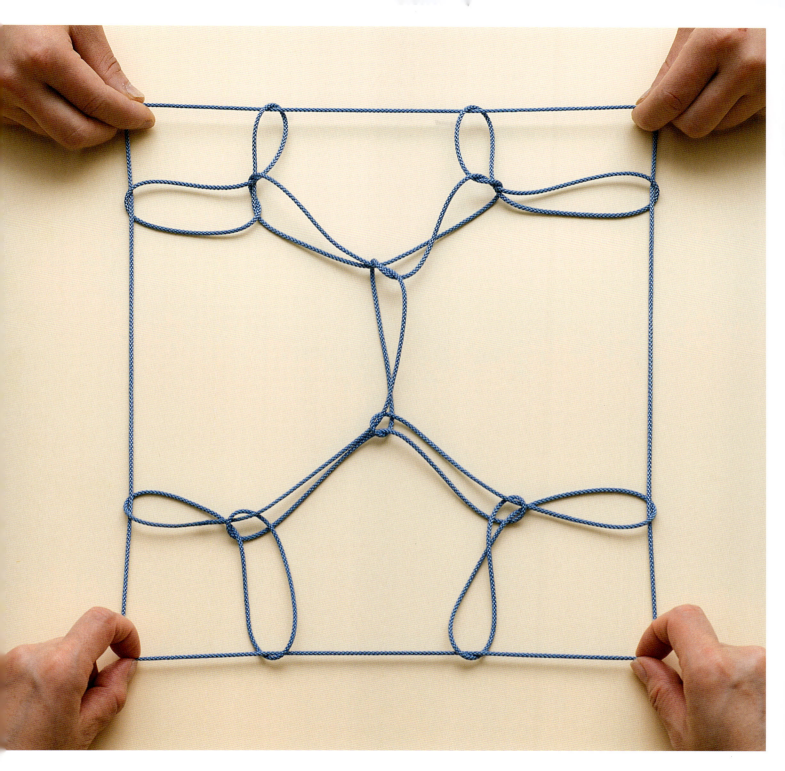

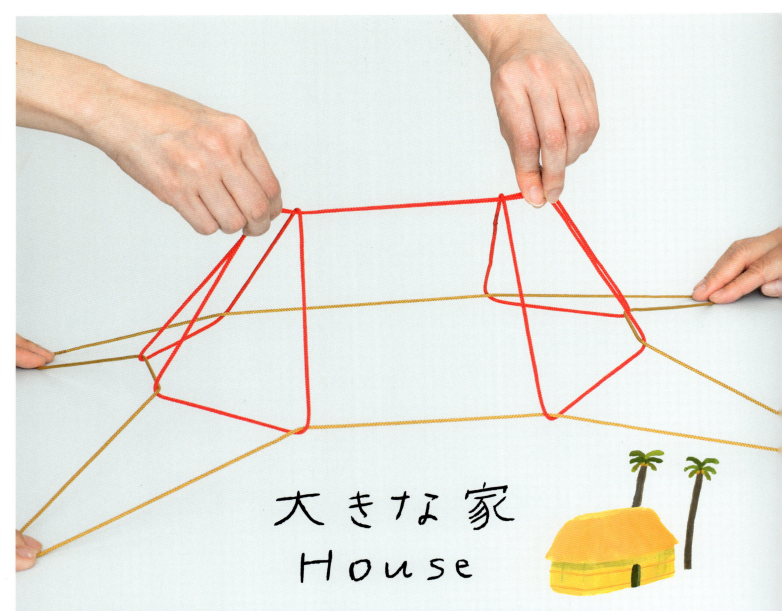

大きな家
House

2人が同じ長さの2本のひもを使って、おまじないをしながら大きな四角形を作ります。そこから3人目の人が両手でひもを持ち上げて「大きな家」を作ります。これは青年たちが共同で寝泊まりする集会所を表しています。J. C. アンデルセンがマオリから採集しました。

出典 = J. C. Andersen, *Maori String Figures*, 1927

ゆうれいの家
Ghost House

「大きな家」から「大きな四角形」に戻し、3人目の人が両手で別のひもを持ち上げて「ゆうれいの家」を作ります。

山
Mountain

「ゆうれいの家」から「大きな四角形」に戻し、3人目の人が片手で別のひもを持ち上げて「山」を作ります。

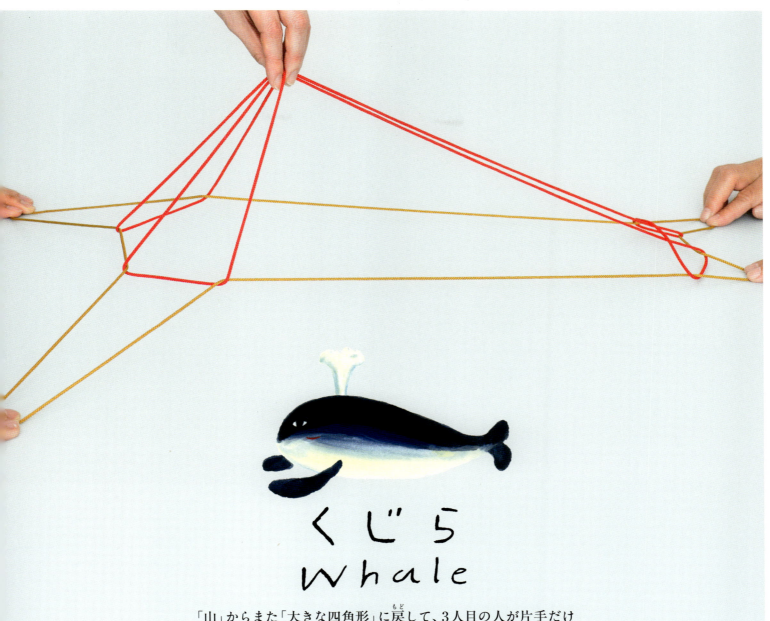

くじら
whale

「山」からまた「大きな四角形」に戻して、3人目の人が片手だけでひもを持ち上げて「くじら」を作って遊ぶというとても楽しいダイナミックな3人の連続あやとりです。

コラム❶
「天の川」のあやとり [p.46]

　1974年5月3日に「あやとりの世界」(NHK)と題した30分のテレビ番組が放映されました。そこには世界中からあやとりの好きな人たちが集まり、それぞれが母国のあやとりを披露する番組でした。その席でパプアニューギニアからの留学生、M.タボガニがいくつかの大変珍しいあやとりを披露し、なかでも特に人々をあっと言わせたのが6メートルもの長いひもを使ってとる「天の川」でした。同じ操作をする度に左右に12個ずつのダイヤが増えていきます。両手をいっぱい広げて数えきれないほどのダイヤができたら、今度はひもを裏返しにしてまた同じ操作をします。すると左右12個ずつのダイヤが消えていき、最後は0になります。0からはじまり0に戻る。この概念をパプアニューギニアの人々の先祖は知っていたのです。
　この壮大なあやとりには、次のようなお話が付いていました。「雨期になり、天の川が天高くのぼったら、川辺にワニが近寄ってくるので、子どもたちは川岸に近づいてはいけません。」そう言いながら「天の川」のあやとりといっしょに「ワニ」のあやとりを見せて子どもたちを危険から守っていました。このようにあやとりはカレンダー代わりにも使われていたのです。
　野口廣はM.タボガニから「天の川」のあやとりの他に「ワニ」や「ヤム芋の調理」、今では日本の子どもに人気のある「かめ」なども採集し、克明に記録して一般に紹介しました。

第2章
とってみよう

ここでは、1章で紹介したオセアニアのあやとりの中から、13のあやとりのとり方を説明します。日本のあやとりとは違ったはじめ方をするものもあるので、まずは「とり方の基本」のページをよく読んで、初級、中級、上級とレベルアップしていきましょう。

あやとりの基本

あやとりひもについて

ひもの種類と選び方

暮らしの中にある、身近なひもを使って、手軽に楽しむことができるのが、あやとりの大きな特徴です。

素材——家にある、タコ糸や太めのひもなどを、輪にして楽しみましょう。おすすめは、太さ2〜3mmのナイロンなどの化繊のひもや、綿のひもなどで、100円ショップや手芸店で購入できるものもあります。値段が高く手に入りにくい欠点がありますが、絹のひもはとりやすく形もきれいにできます。

長さ——ひもの長さは、とりたいあやとりに合わせて用意するのが理想的です。本書でとり方を紹介しているあやとりに関しては、おすすめの長さと素材を掲載しているので参考にしてください。

ひもを輪にする方法

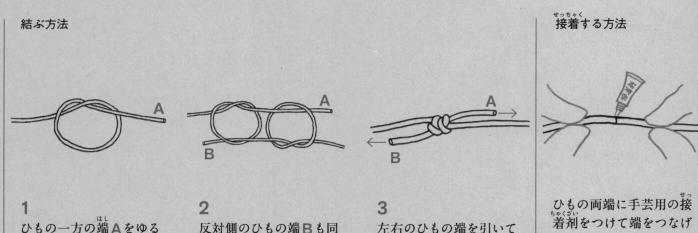

結ぶ方法

1 ひもの一方の端Aをゆるく結んで輪を作ります。

2 反対側のひもの端Bも同様の輪を作り、Aを中に通し、Bは1の輪に通します。

3 左右のひもの端を引いて結び目を締め、余分なひもを切ればできあがりです。

接着する方法

ひもの両端に手芸用の接着剤をつけて端をつなげます。しっかり固まるまでは、動かさないようにしましょう。3日間くらい乾かすと、じょうぶなあやとりひもになります。

ひものとり方と指の動かし方

あやとりでは、同じ位置のひもを同じ指でとっても、「下からとる」「上からとる」という指示でとり方がちがってきます。

下からとる

1 とるひも●の下から指を入れます。

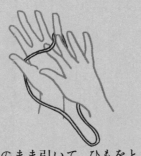

2 そのまま引いて、ひもをとります。

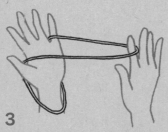

3 下からとったところです。

上からとる

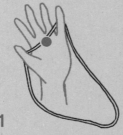

1 とるひも●の上から指を入れます。

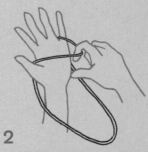

2 そのまま引いて、ひもをとります。

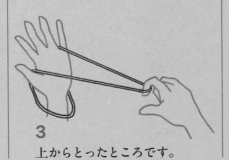

3 上からとったところです。

方向とひもの呼び方

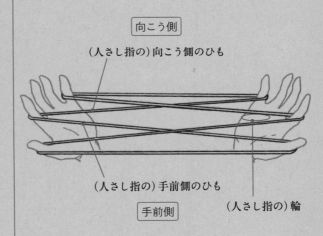

向こう側
(人さし指の)向こう側のひも
(人さし指の)手前側のひも
手前側
(人さし指の)輪

本書でのマークの意味

●○…とるひも、または目安になるひも
▼▽▲△…指を入れるところ
■□…はずすひも
◎◉…おさえるひも、または越すひも
◆◇…ナバホどり (p.77参照)

75

基本のかまえ

いろいろなあやとりに共通する、はじめの形があるので覚えておきましょう。基本は3種類です。本書では、これらの「かまえ」は、手順をはぶいています。

はじめのかまえ

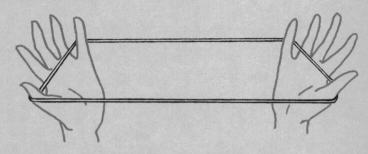

両手の親指と小指にひもをかけて、両手を向かい合わせた形が「はじめのかまえ」になります。

人さし指のかまえ

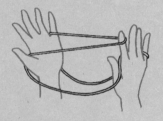

1 はじめのかまえから、右の人さし指で左の手のひらのひもを下からとります。

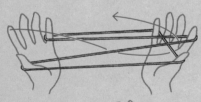

2 とったところ。左の人さし指で、右の人さし指の前を通るひもを下からとります。

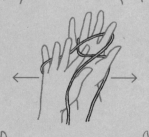

3 とっているところ。そのまま両手を左右に開きます。

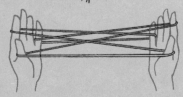

4 この形が「人さし指のかまえ」になります。オセアニアのあやとりに多く使われるかまえです。

中指のかまえ

1 はじめのかまえから、中指で、「人さし指のかまえ」と同じようにひもをとります。

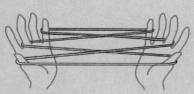

2 この形が「中指のかまえ」になります。

特徴的なとり方

ナバホどり　1本の指に2本以上のひもがかかっているときに、◇のひもを外さずに、◆のひもだけを外すとり方です。アメリカ南西部の先住民ナバホ族のあやとりに多く使われていることから名づけられました。

はじめのうちは……

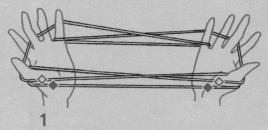

1
左を外すときは右手で◆をもち、◇を越すようにして外します。

2
右側は手をかえて、同様に行います。

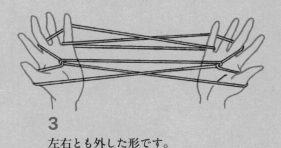

3
左右とも外した形です。

慣れてきたら……

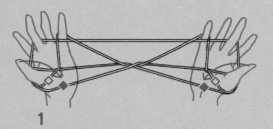

1
親指で前を通るひも◇をおさえます。

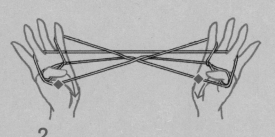

2
外側のひも◆が外れるように、親指を下げます。

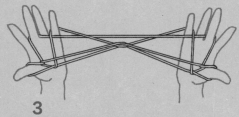

3
親指を戻すと、外した形になります。

たくさんねじると、おもしろい

糸つむぎ ▶ p.16
Spindle

とりやすいひも ●素材：アクリル・綿・毛　長さ：160〜180cm

初級

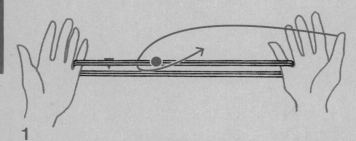

1
ひもを二重にして、両手の小指にかけます。右手の親指を小指の輪▼に上から入れ、小指手前側のひも●をとります。

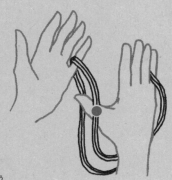

2
1の途中。
輪に親指を入れたら、親指を手前・上に向けて●をとります。ひもはゆるめたままにしましょう。

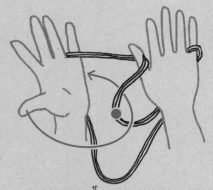

3
左親指で、右親指の背からたれているひも●を下からとり、両手を左右に開きます。

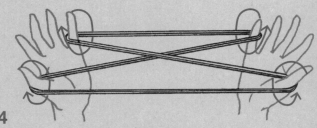

4
開いたところ。両手の親指と小指を、向こう・下・手前へ回し、ひもをそれぞれねじります。下図のように指を1本ずつ回しましょう。

親指を向こうにたおし、

下に向け、

手前に向けてから戻すと、ひもがねじれます。小指、左手も同様に。

5
4を3〜4回くりかえし、ひもをねじります。

6
しっかりねじったら、「糸つむぎ」のできあがりです。

できあがり
［遊び方］親指と小指を閉じたり開いたりすると、「糸」がクルクルっとねじれたり戻ったりと、ユニークな動きをします。

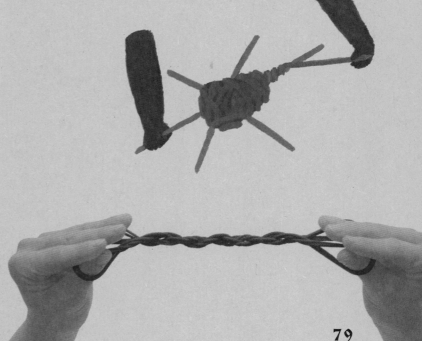

高くのぼると、どんどん小さく遠くなる
木にのぼる男 ▶p.12
A Man Climbing A Tree

とりやすいひも ●素材：アクリル・綿・毛　長さ：180〜200cm

初級

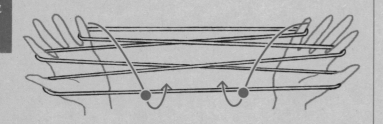

1
人さし指のかまえ(p.76)からはじめます。両手の小指で、親指の手前側のひも●を下からとります。

2
小指のひもをナバホどり(p.77)します。◇を越して、◆を◇の外側から外しましょう。

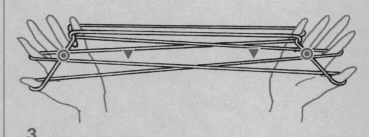

3
人さし指を▼に入れて、親指から小指に通るひも◎を手のひらにおさえます。

4
3のまま、親指のひも■を外します。そのまま左右に両手を広げると、自然に人さし指のひも□も外れます。

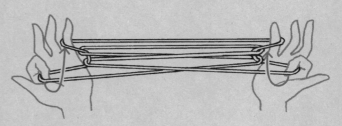

5
人さし指を、手前、上に向けます。

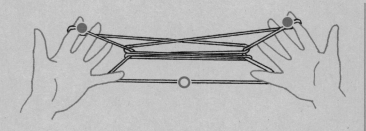

6
◯のひもに本などを乗せておさえ、小指を外します。人さし指のひも●をそれぞれつまんで持ち上げます。

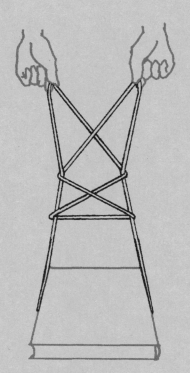

7
「木にのぼる男」のできあがりです。長いひもを使い、本のかわりにひざのうらなどでおさえるのが、現地のやり方です。

できあがり
［遊び方］左右の手を上下に動かしながら上に引くと、男（三角と四角の部分）がどんどん木のぼりをしていきます。

歌いながら遊ぶあやとり

ベッドと
ねむりん坊 ▶ p.36
A Man and A Bed

とりやすいひも ● 素材：アクリル・綿・毛　長さ：160〜180cm

初級

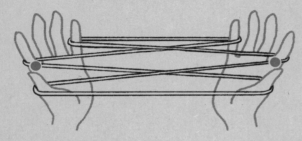

1
人さし指のかまえ（p.76）からはじめます。人さし指のひも●を、指先にずらしましょう。

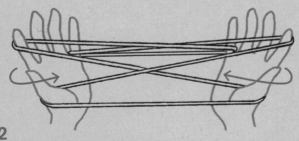

2
手のひらを向こうに向けると次にとるひもがとりやすくなります。

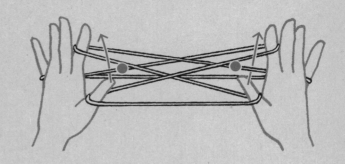

3
親指で、小指の手前側のひも●を、下からとります。

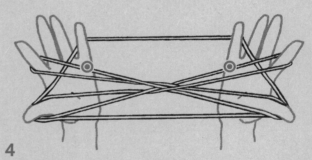

4
薬指と小指を、人さし指の向こう側のひも◉の上にのせます。

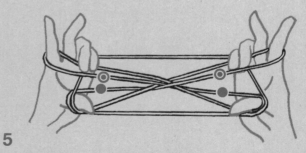

5
そのまま、人さし指の手前側のひも◉の下を通り、親指の向こう側のひも●を、薬指と小指ではさみます。

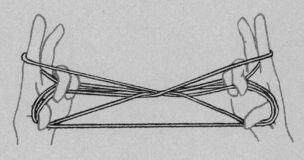

6
はさんだひもを引き抜き、指を起こして小指の背にかけます。

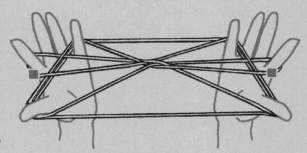

7
人さし指のひも■を外します。

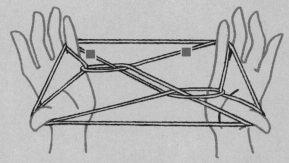

8
「ベッドとねむりん坊」のできあがり。まん中に人がねています。

できあがり

[遊び方] 歌をうたいます。
「○○さんがねてる♪　ベッドでねてる　グーグーグーグー♪　ベッドでねてる♪　あっ！」
「あっ！」のところで、**8**の小指のひも■を外すと……

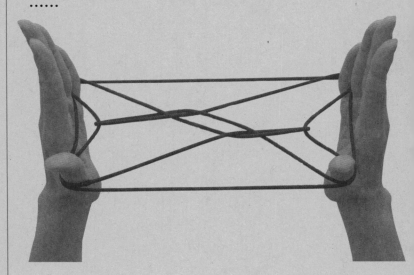

ベッドの底が抜けて、ねていた男性が落っこちてしまいました!!

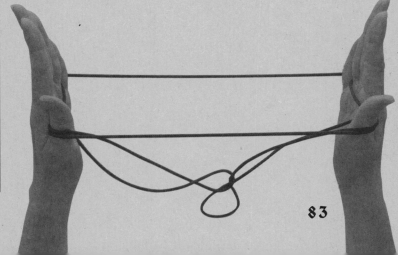

手の向きを変えるだけで、形が変化
水のみ場 ▶ p.10
A Waterhole

とりやすいひも●素材：アクリル・綿・毛　長さ：160〜180cm

初級

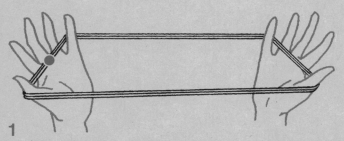

1
ひもを二重にして、はじめのかまえ（p.76）をします。右人さし指で、左の手のひらのひも●を下からとります。

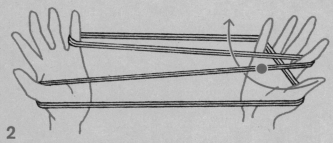

2
右親指で、右人さし指の手前側のひも●を下からとります。

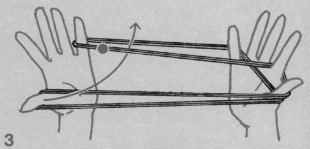

3
左親指で、左小指の手前側のひも●を下からとります。

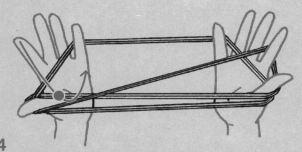

4
左人さし指で、左親指の向こう側のひも●を下からとります。

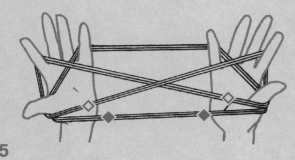

5
親指のひもをナバホどり（p.77）します。◇を外さずに、◆を外しましょう。

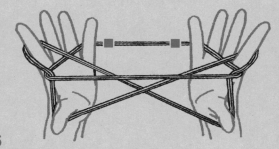

6
小指のひも■を外しながら、手のひらを向こうに向けます。

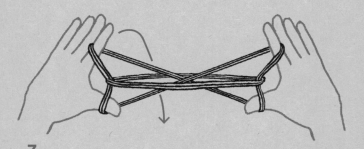

7
左手を向こうに半回転させます。

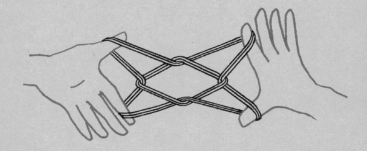

8
まん中に四角が見えたら、「水のみ場」です。最後に、右手を上、左手を下にすると完成です。

できあがり

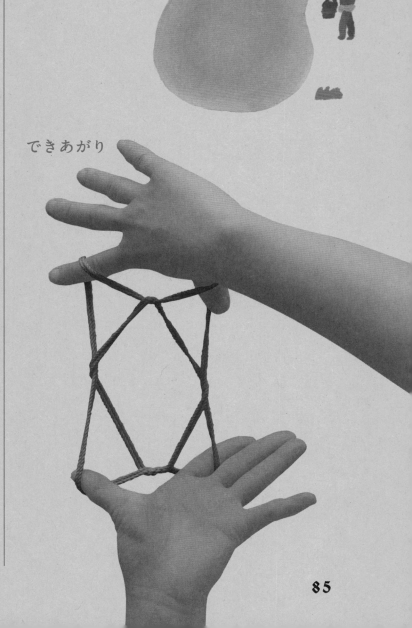

同じようなことをくりかえすと、
いつの間にか……

キウイ ▶p.62

Kiwi

とりやすいひも ●素材：アクリル・綿・毛　長さ：180〜200cm

初級

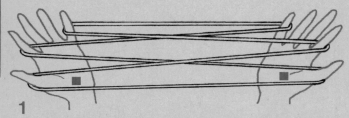

1
人さし指のかまえ (p.76) からはじめます。両手の親指のひも■を外します。

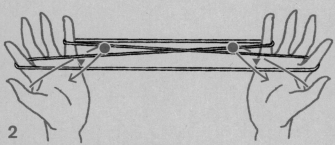

2
親指を人さし指の輪▼に上から入れて、小指の手前側のひも●を下からとり、引き抜きます。右図のように手のひらを向こうに向け、親指で人さし指手前側のひも◎を下げてから●をとるとよいでしょう。

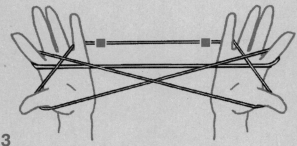

3
小指のひも■を外します。

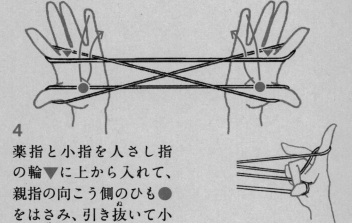

4
薬指と小指を人さし指の輪▼に上から入れて、親指の向こう側のひも●をはさみ、引き抜いて小指の背にかけます。

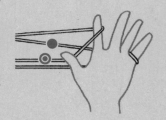

はさんだところ。

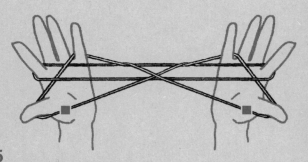

5
親指のひも■を外します。

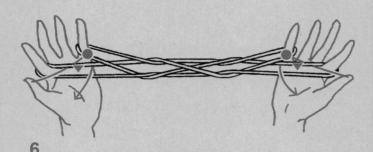

6
親指を人さし指の輪▼に上から入れて、小指の手前側のひも●を下からとり、引き抜きます。

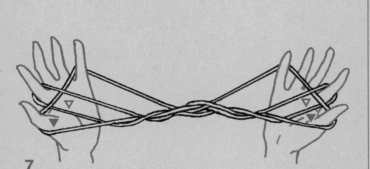

7
中指を人さし指の輪▽に、人さし指を親指の輪▼に入れます。

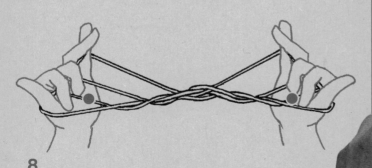

8
人さし指と中指で間のひも●をはさみ、手前側から上に向けて持ち上げます。

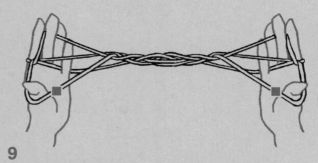

9
親指のひも■を外し、そのままたらしておきましょう。

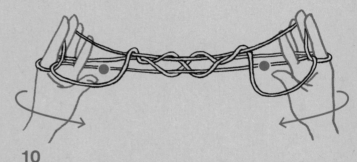

10
親指で、小指の向こう側を通るひも●を上からおさえながら、手のひらを向こう側に向けると……、「キウイ」のできあがりです。

できあがり

指から外して形を楽しみます

かめ ▶ p.44
Turtle

とりやすいひも ●素材：アクリル・綿・毛　長さ：140〜160cm

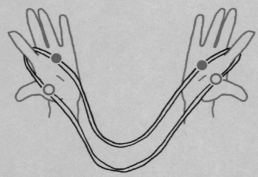

1
人さし指にひもをかけてはじめます。両手の親指で人さし指の向こう側のひも●を下からとり、続いて小指で人さし指の手前側のひも○を下からとります。

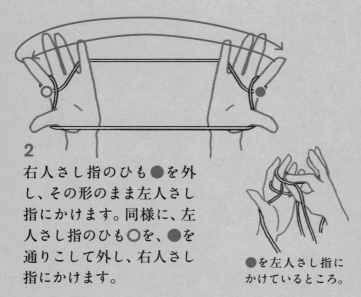

2
右人さし指のひも●を外し、その形のまま左人さし指にかけます。同様に、左人さし指のひも○を、●を通りこして外し、右人さし指にかけます。

●を左人さし指にかけているところ。

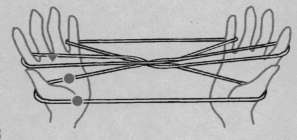

3
右手の親指と人さし指を、左人さし指の輪▼に上から入れ、左親指のひも●をつまみます。

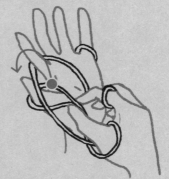

4
左親指のひも●を外し、人さし指のひもの上を通して、ふたたび親指にかけなおします。

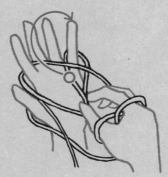

5
小指も同様に○をかけなおします。

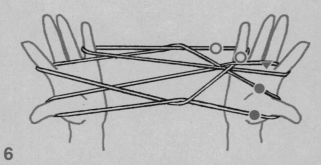

6
右側も同様に、左手で親指のひも●と小指のひも○を、▼の輪に通してかけなおします。

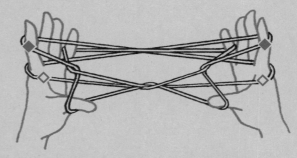

8
人差し指のひも◆を外さないで、◇を外すナバホどり (P.77) をします。

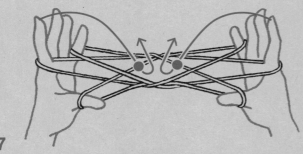

7
人差し指で、親指の向こう側から出ているひも●を下からとります。

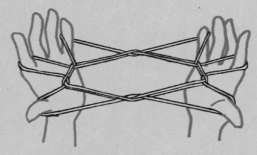

9
手から外して平らなところへおき、形を整えれば「かめ」のできあがりです。

できあがり

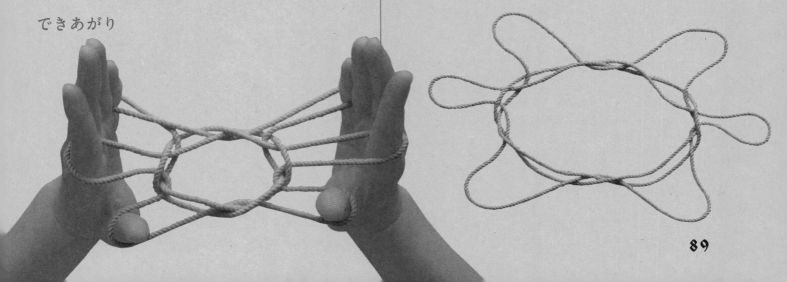

できあがりは左右対称に見えるけれど……
しまあじの網 ▶p.30
Kingfish

とりやすいひも ●素材：アクリル・綿・毛　長さ：180〜200cm

中級

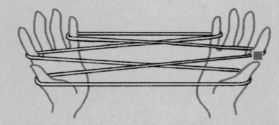

1
人さし指のかまえ（p.76）からはじめます。右人さし指のひも■を外します。

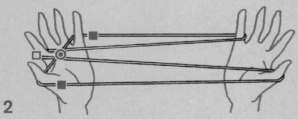

2
左人さし指で、前を横切る手のひらのひも◉を上からおさえ、左親指と小指のひも■を外します。両手を左右に開くと、自然に左人さし指のひも□も外れます。

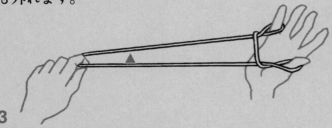

3
左親指と小指を、人さし指の輪▲に下から入れて、移しとります。

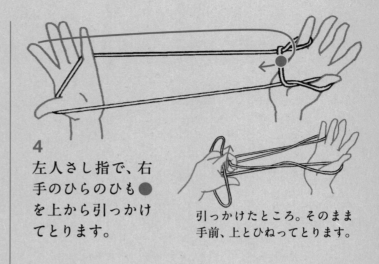

4
左人さし指で、右手のひらのひも●を上から引っかけてとります。

引っかけたところ。そのまま手前、上とひねってとります。

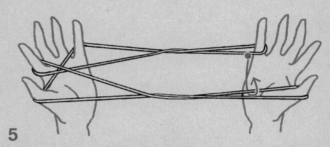

5
右人さし指で、親指の輪の下から、小指の手前側のひも●を下図のように引き出します。

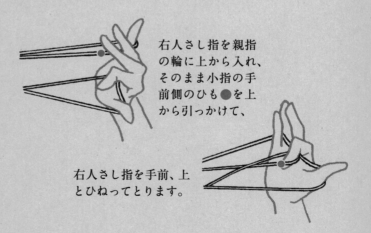

右人さし指を親指の輪に上から入れ、そのまま小指の手前側のひも●を上から引っかけて、

右人さし指を手前、上とひねってとります。

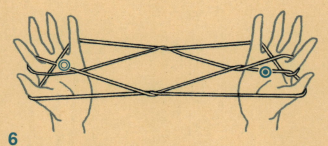

6
右小指は、右人さし指の輪に下から入れ、その輪の手前側のひも◉を上からおさえます。左小指は、左人さし指の向こう側のひも◎を上からおさえます。

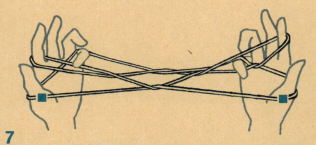

7
両手の小指を下に引きながら、親指の輪を■外します。

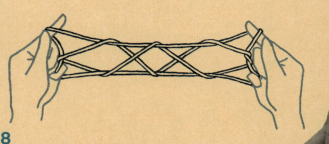

8
指先を向こう側に向けたら、「しまあじの網」のできあがりです。

できあがり
[遊び方]まん中の四角に、向こう側から、しまあじの手を入れてもらいます。
しまあじが網にかかりました！ 左小指のひもを外し、左右に引くと……

魚をつかまえることができました。続いて右手をはなして左手を引くと、魚に逃げられてしまいます。

ストローなど軽い棒を用意して、チャレンジ！

ロープのつり橋 ▶ p.42
Rope Bridge

とりやすいひも ●素材：アクリル・綿・毛　長さ：180〜200cm

中級

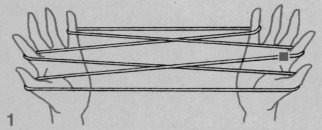

1
人さし指のかまえ（p.76）からはじめます。右人さし指のひも■を外します。

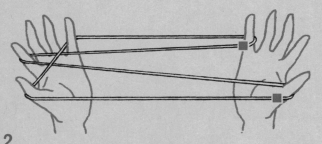

2
右親指と小指のひも■を外し、そのまま下にたらします。

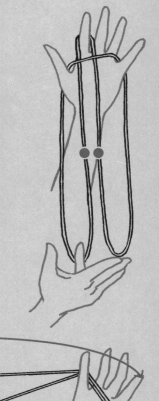

3
右手親指と小指を、左手の親指の輪に上から入れて、人さし指のひも●を2本とって両手を左右に開きます。

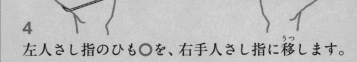

4
左人さし指のひも○を、右手人さし指に移します。

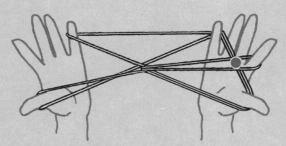

5
左人さし指で、右人さし指の前を通るひも●を2本とも下からとります。

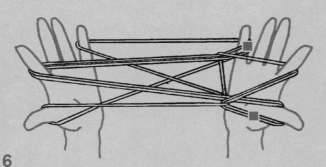

6
右親指と小指のひも■をすべて外します。

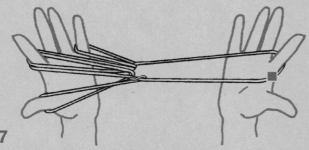

7
右人さし指の手前側のひも■を、そっと外し、下にたらします。

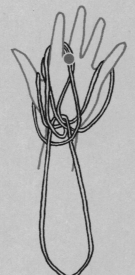

8
左人さし指のひも●を2本とも右手でつかんで外し、少し下に引きます。

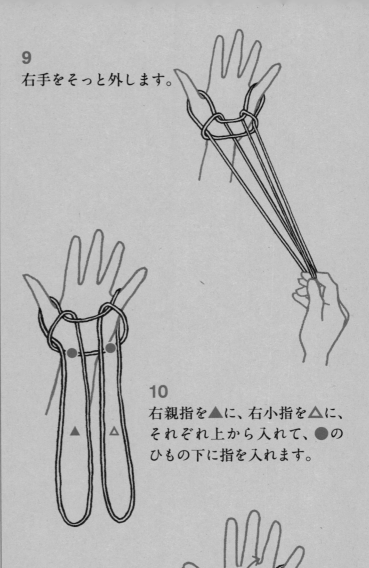

9
右手をそっと外します。

10
右親指を▲に、右小指を△に、それぞれ上から入れて、●のひもの下に指を入れます。

11
右人さし指で●を下からとり、両手を左右に開きます。10の親指と小指のひもが外れないように気をつけましょう。

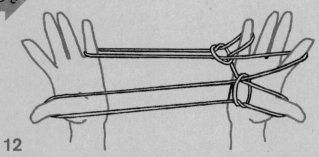

12
右親指と小指の前にできた輪に、ストローなどの軽い棒を通します。だれかにやってもらうとよいでしょう。

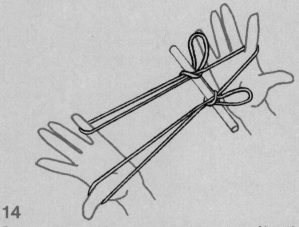

14
「ロープのつり橋」のできあがり。2つの輪が人で、ストローがかついでいる荷物になります。

できあがり
[遊び方] あやとりをピンとはり、左右の手を少しずつ開いていくと……

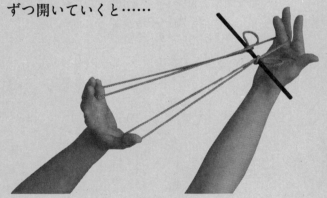

2人が荷物をかついだまま、スルスルとつり橋を渡っていきます。

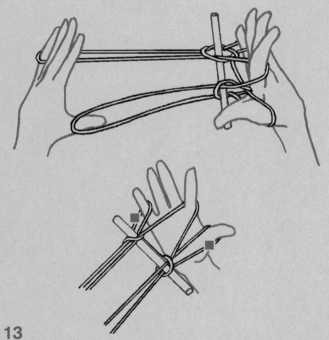

13
通したら、ひも全体を引いて、輪を閉じて締めてから、右親指と小指のひも■を外します。

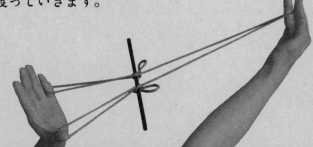

まん中のモジャモジャは……、なるほど！
モア島 ▶ p.26
The Island of Moa

とりやすいひも ●素材：アクリル・綿　長さ：160～180cm

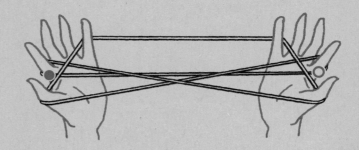

3
右人さし指のひも○を左人さし指に、左人さし指のひも●を右人さし指にかけかえます。

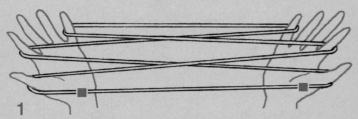

1
人さし指のかまえ（p.76）からはじめます。親指のひも■を外します。

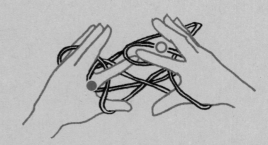

4
人さし指の先をくっつけて、右人さし指のひも○を左へ移すところ。左人さし指のひも●は、その上を通って、右へ移します。

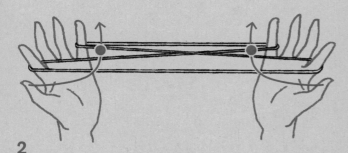

2
親指で、人さし指のひもの上を通して小指の手前側のひも●を下からとります。

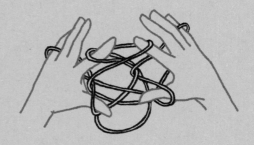

5
左右の人さし指のひもを移し終えたところ。両手を左右に開いて、ひもをはります。

つづく

つづき

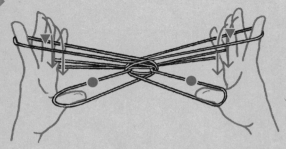

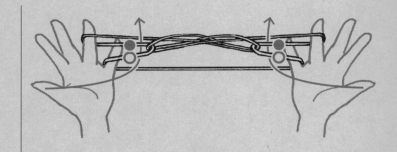

6 両手の中指と薬指を、人さし指の輪▼に上から入れ、親指の向こう側のひも●をはさみます。

9 親指を小指の輪に下から入れて、小指側の手前のひも○、薬指の向こう側のひも●を、いっしょに下からとります。

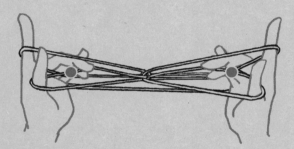

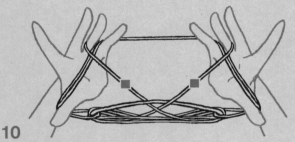

7 はさんだまま、輪から引き抜き、●を薬指にかけます。

10 薬指のひも■をはずし、左右に引きます。

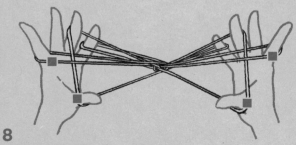

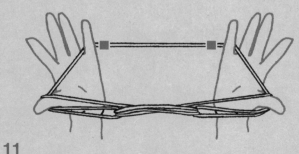

8 親指と人さし指のひも■をすべて外します。

11 小指のひも■を、そっと外します。

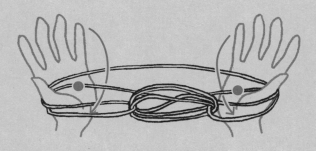

12
小指で、11で外したひもの上を通して親指の向こう側のひも●を下からとります。

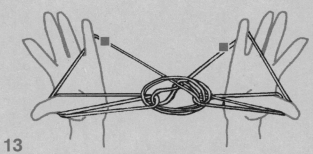

13
ふたたび、小指のひも■を、そっと外します。

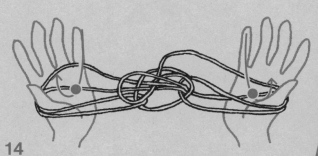

14
小指で、13で外したひもの上を通して親指の向こう側のひも●を下からとります。

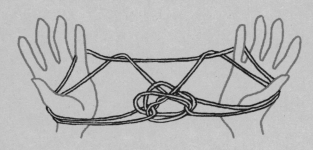

15
とったら、指先を向こう側に向けると……、「モア島」のできあがりです。

できあがり

はじまり方がユニーク
カヌー ▶ p.6
A Canoe

とりやすいひも ● 素材：アクリル・綿　長さ：180〜200cm

中級

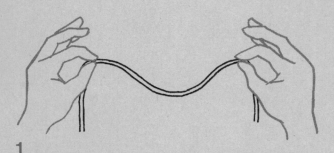

1
両手でひもをつまみ、下向きに小さな輪を作ります。輪の交差は、右側が手前になるようにします。

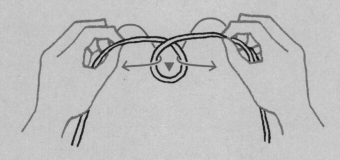

2
人さし指を、小さな輪▼に、向こう側から入れます。

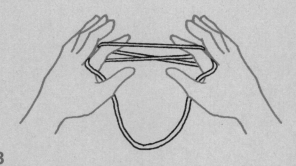

3
人さし指を手前側に回し、ひもを指の上と下にかけたかたちで、左右に開きます。

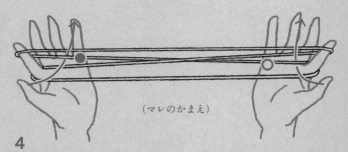

（マレのかまえ）

4
右親指で、右人さし指の向こう側・下側のひも○を、左親指で左人さし指の向こう側・上側のひも●を、下からとります。

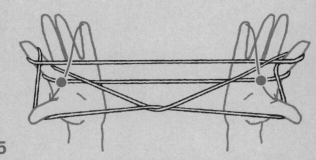

5
小指で、人さし指の上側のひもを越えて、人さし指の手前・下側のひも●を、下からとります。

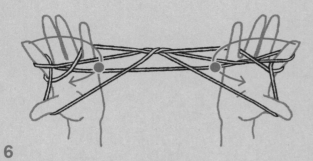

6 両手の人さし指を結ぶひも●を、人さし指で、ひもの向こう側から引っかけるようにしてとります。

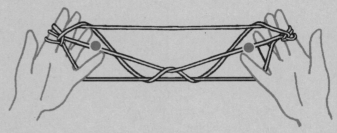

8 親指で、両手の人さし指の手前側からななめ下に向かい、V字につながっているひも●を、下からとります。

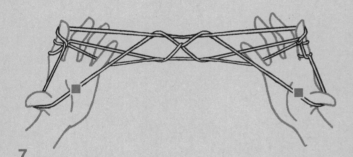

7 親指のひも■を外します。

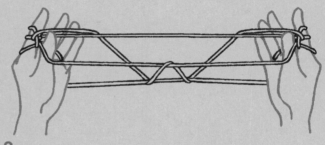

9 「カヌー」のできあがり。そのまま、「たつまき」(p.100)のあやとりをとることができます。

できあがり

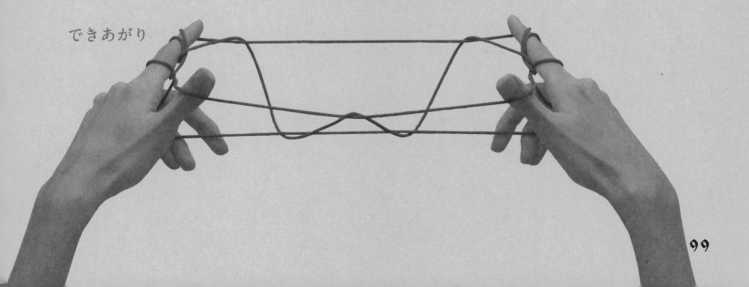

「カヌー」のできあがりから、連続あやとりに
たつまき ▶p.8
A Waterspout

とりやすいひも ●素材：アクリル・綿・毛　長さ：180～200cm

中級

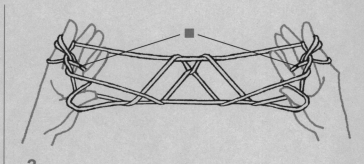

3
小指のひも■を外します。

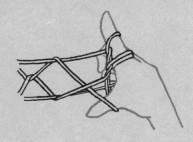

手順2～3を、左右片方ずつ、一気にとる方法もあります。2を右手からおこなうとき、親指でひもをとると同時に、小指のひもを外すととりやすいでしょう。同様に左手もとります。

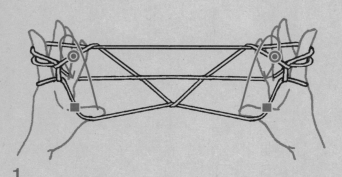

1
「カヌー」(p.99)のできあがりからはじめます。親指で、人さし指の根元からななめ上に向かい、人さし指の向こう側のひもにかかっているひも◉を、上からおさえます。自然に親指のひも■は外れます。

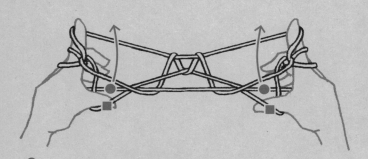

2
親指で、小指の向こう側のひも●を下からとります。自然に親指のひも■は外れます。

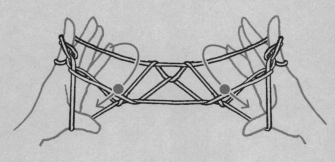

4
小指で、人さし指の向こう側のひもを越えて、人さし指根元からななめに出ている2本のうち、手前のひも●を、下からとります。

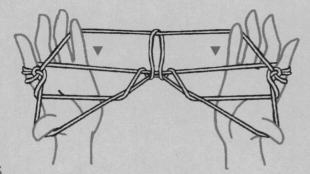

5
人さし指の指先を、小指の輪▼に上から入れます。

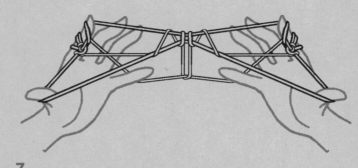

7
人さし指をあげたら、「たつまき」のできあがりです。

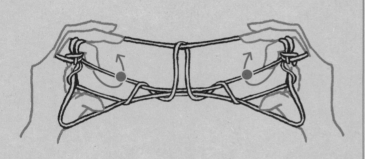

6
左右の人さし指を結ぶひも●を、5の人さし指の先を手前側に回して、引っかけるようにしてとります。

できあがり

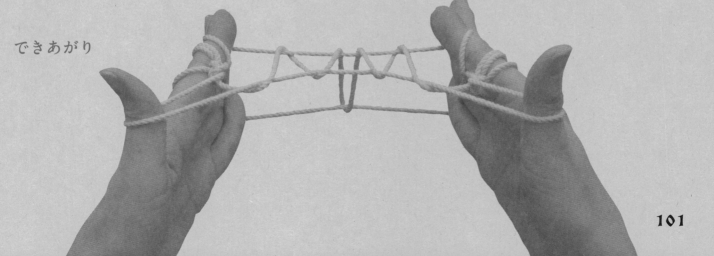

ギラギラ太陽が、しずむまでを表現
真昼の太陽 ▶ p.14
Full Sun

とりやすいひも ●素材：アクリル・綿・毛　長さ：180〜200cm

中級

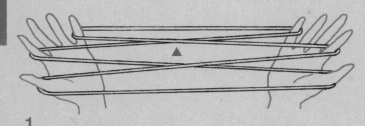

1
人さし指のかまえ (p.76) からはじめます。親指、中指、薬指、小指を、人さし指の輪▲に、下から入れます。

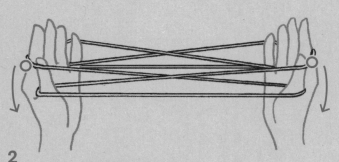

2
そのひも○を、手首まで落とします。

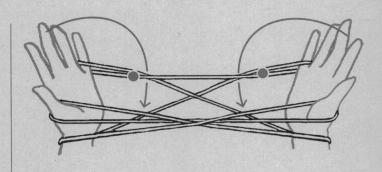

3
人さし指で、小指のひも●を2本、向こう側から手前側に引っかけて、

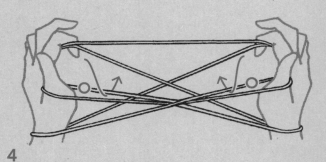

4
そのまま、親指の向こう側のひも○を手前側から引っかけてとります。

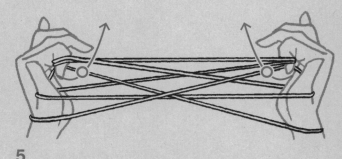

5
とっているところ。人さし指の先を向こう側へ回してとります。

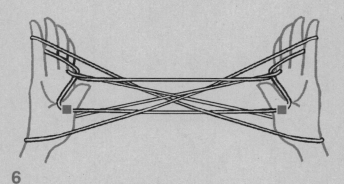

6
親指のひも■を外します。

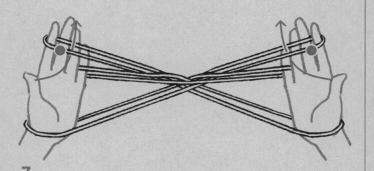

7
親指で、人さし指の手前側のひも●を下からとり、人さし指の輪を、親指に移しとります。

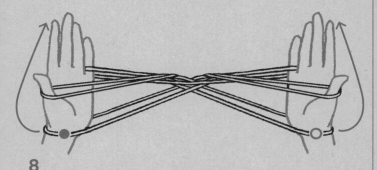

8
手首のひも●○を、それぞれ同じ手の人さし指にかけかえます。次の9〜10でやり方を説明します。

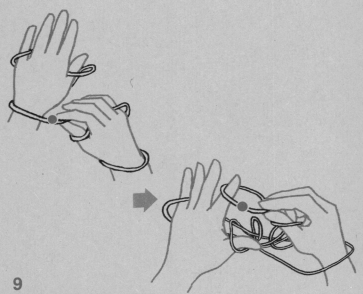

9
左の手首のひも●を、右手でつまみ、左の人さし指にかけます。輪をひねらないように気をつけましょう。

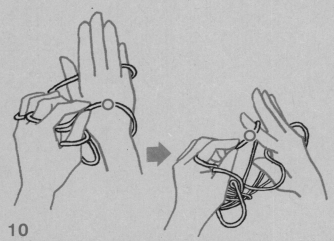

10
同様に、右の手首のひも○を、左手でつまみ、右の人さし指にかけます。両手を左右に開いて、ひもをピンとはります。

つづく

つづき

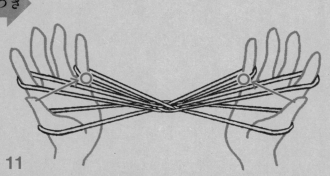

11
親指で、小指の手前側のひも○を、下からとります。

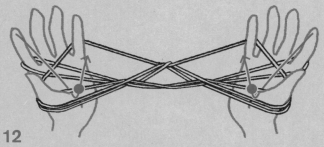

12
人差し指の指先で、親指の向こう側のひも●を下から少し持ち上げ、親指で人差し指の手前側のひもをしっかりおさえます。

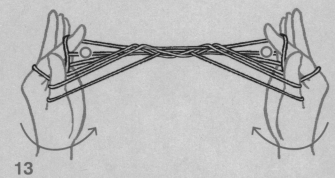

13
12のまま、小指と薬指で小指向こう側のひもを下におすようににぎり、手のひらを向こうに向けて形を見せると……

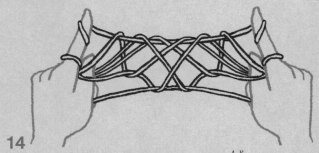

14
「真昼の太陽」のできあがり。**12**に戻します。

※**12**〜**13**のように、形を展開させて見せる方法を「カロリン展開」と言います。

できあがり

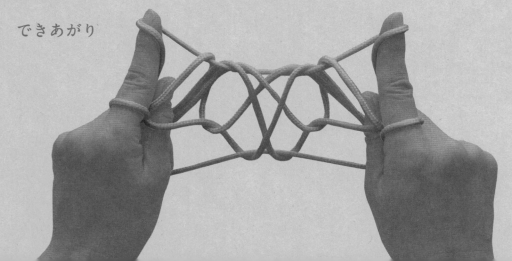

中級

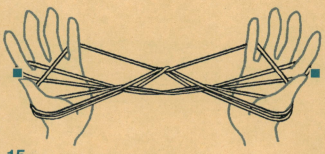

15
人さし指のひも■を、そうっと外します。ひもはたるませたままにします。

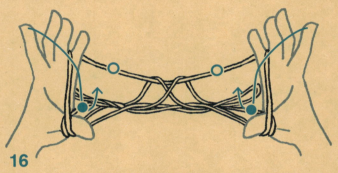

16
もう一度、人さし指で、親指の向こう側のひもを持ち上げて、カロリン展開(12〜13)をします。

17
この形のまま、左右の手を少しずつ開いていくと……

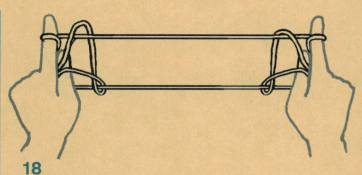

18
「太陽」がしずみ、「日没(にちぼつ)」になります。

指から指へ、ひもを
何度も移しかえるのが特徴

小舟→かに ▶ p.52~55
A Boat and A Crab

とりやすいひも●素材：アクリル・綿・毛　長さ：180〜200cm

上級

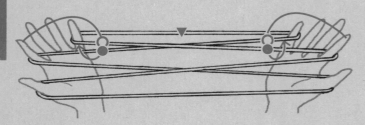

1
人さし指のかまえ（p.76）からはじめます。人さし指を小指の輪▼に上から入れ、手前に回しながら、小指の手前側のひも○と人さし指の向こう側のひも●を2本いっしょにとります。

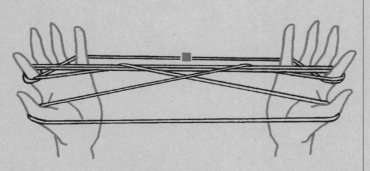

2
小指のひも■を外します。

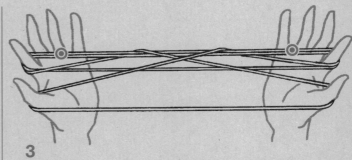

3
中指・薬指・小指で、人さし指の向こう側の2本のひも◎を、上からおさえます。

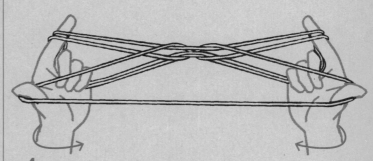

4
手のひらを向かいあわせます。

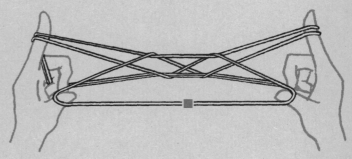

5
親指のひも■をそうっと外し、ひもをたるませます。

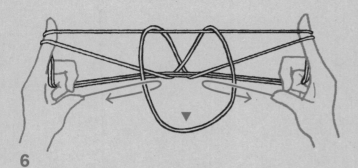

6
親指を、5でたるませた輪▼に手前側から入れ、左右に引きます。

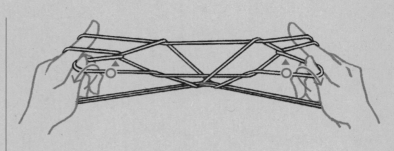

8
「小舟」のできあがりです。続いて、小指を親指の輪▲に下から入れ、親指のひも○を移しとります。小指にかかっている2本のひもを外さないように注意しましょう。

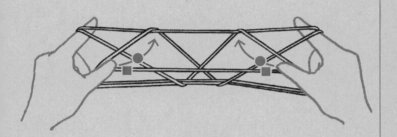

7
親指の背で、人さし指の手前側からななめ下に出ているひも●を、下からとります。自然に親指でおさえていたひも■は外れます。

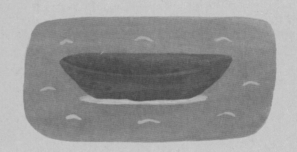

できあがり
（小舟）

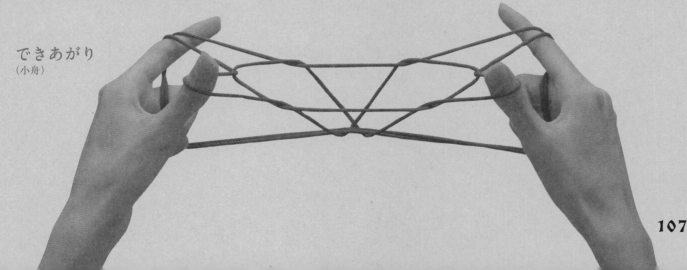

つづく

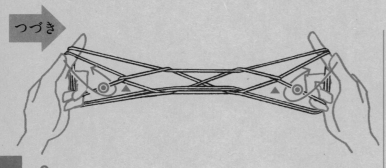

9
親指を小指の輪▲に手前から入れ、小指の手前側のひも◉を手のひらにおさえます。

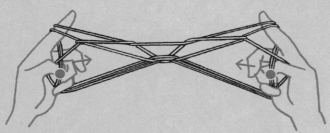

10
親指の背で、手のひらに渡っているひも2本●をとり、小指のひもをすべて外し、親指に移します。9でおさえたひもは自然に外れます。

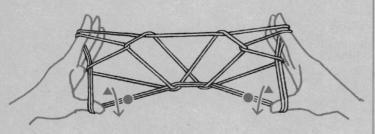

11
小指を親指の輪▲に下から入れ、親指のひも●を移しとります。

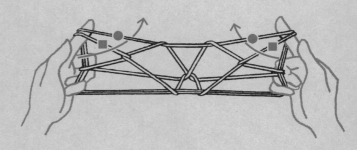

12
親指で、人さし指の手前の上側のひも●を下から移しとり、残りの人さし指のひも■は外します。

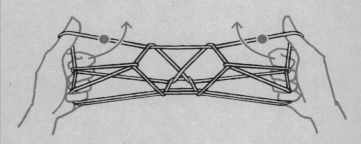

13
人さし指で、親指の手前側のひも●を、向こう側から移しとります。

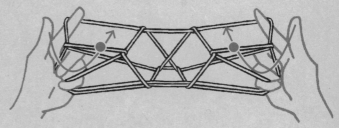

14
親指で、図の●のひもを下からとります。●は一番手前になっているひもです。

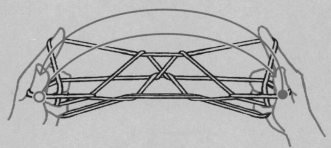

15
左親指のひも○を右親指に移し、右親指のひも●を左親指に移します。

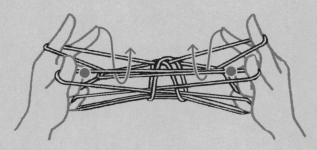

16
中指で、人さし指のひもを越えて、親指の向こう側のひも●を、下から移しとります。

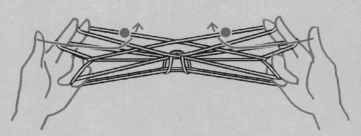

17
親指で、中指の向こう側のひも●を、下から移しとります。

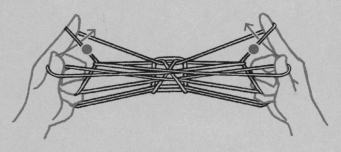

18
親指で、人さし指の手前側のひも●を下からとります。

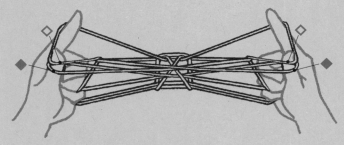

19
親指の上のひも◇は外さずに、下のひも◆を外します（ナバホどり）。

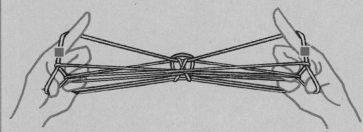

20
人さし指のひも■を外します。

つづく

109

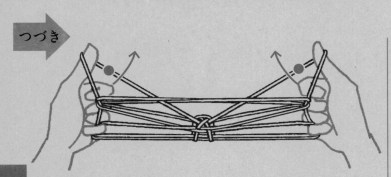

21
人さし指で、親指の向こう側のひも●を、下から移しとります。

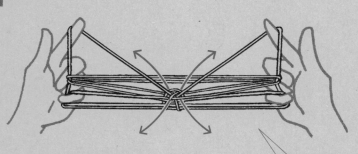

22
親指を使って、まん中の三角の部分を広げます。

ここを広げる

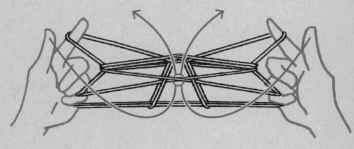

23
親指で、22で広げた三角の中を交差するひも2本○を、下からとります。

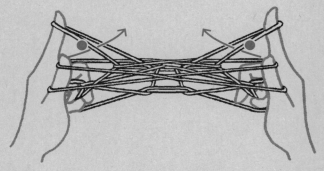

24
親指で、人さし指の手前側のひも●を、下からとります。

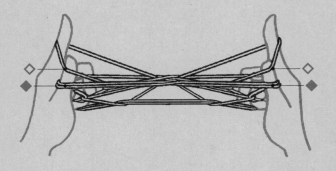

25
親指の上のひも◇は外さずに、下の2本のひも◆を外します（ナバホどり）。

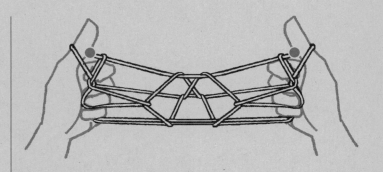

27
両手を左右に開いたら、人さし指で、親指の向こう側のひも●を下から移しとります。

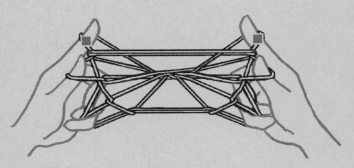

26
人さし指のひも■を外します。

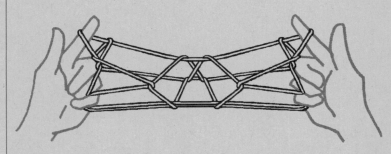

28
形を整えたら、「かに」のできあがりです。

できあがり
（かに）

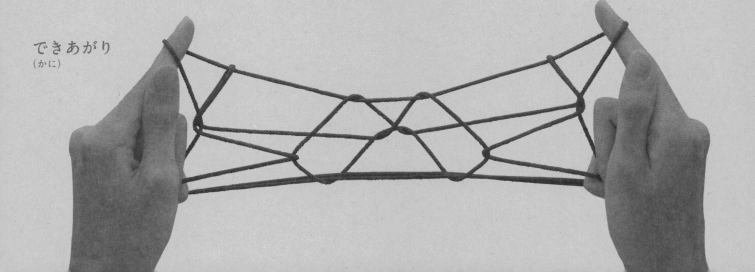

素晴らしいあやとりは近代化の波にのまれなかった地域に残されています。国際あやとり協会の設立後、多くのあやとり愛好家が世界の隅々に行って、珍しいあやとりを採集しました。こうして世界中で3000種以上のあやとりが採集されたのです。野口廣も1984年夏、オーストラリア在住のあやとり研究家H. C. モード夫人を訪問した帰りに、「天の川」などの素晴らしいあやとりのあるパプアニューギニアにあやとり採集の旅に出ました。モード夫人のアドバイスにより、高地のマウントハーゲンに着いて、彼はまず人の集まるマーケットに出かけました。言葉も通じないままひとりであやとりをはじめると、ひとり、またひとりと人が寄ってきたので、ポケットからひもを出して渡すと、次々と珍しいあやとりをとりはじめたそうです。

　野口はこれらのあやとりを手帳に書き留めました。また、宿に帰ると夜番のヤリヤトンバという男が夜通しかけてたくさんのあやとりを教えてくれました。帰国前夜にはもっと奥地の若い夫婦を訪ね、徹夜であやとりを教えてくれたそうです。こうして20種あまりの珍しいあやとりを採集することができました。本書で紹介した「ロープのつり橋」(p.42)などもそのとき採集したあやとりです。

　あなたも世界のどこかに旅したら、ひもを持ってあやとりの採集をしてみてはいかがでしょうか？

コラム❷
あやとり採集物語

あやとりの歴史

「ヤム芋の調理」

あやとりは日本独自の昔からの遊びだと思われていましたが、実は大昔から世界のいろいろなところでとられていました。起源についてはっきりしたことは分かっていませんが、たとえばアルゼンチンの「火山」というあやとりは、南米大陸で火山活動の活発だった時代に作られたあやとりだと思われます。南太平洋に浮かぶイースター島には「カヌーで海を渡る」というあやとりが伝わっていますが、今から3000年程前に人々が東南アジア等から大きな帆のあるカヌーに乗って海を渡って来たときの様子が表現されています。

また、あやとりはただひとつの場所から広まったのではなく、世界各地で自然発生的に生み出されていました。漁や農作業をするのに必要なかごや、魚をとる網など、人々が生活にひもを使いはじめた時代に、残りひもなどを手にとってからめたり、抜きとったりしているうちにいろいろな形が生み出され、それが次第にあやとりに発展していったと考えられています。

今ならば風景や身近な動植物を見たとき、写真や絵にして残せますが、カメラもペンも無かった大昔の人々は、身近にあるひもを使ってあやとりで描写していました。それだけではなく、先祖から言い伝えられた生活の知恵や物語などをあやとりに表現して子どもたちに伝えていたので、子どもたちは楽しみながら、大事なことを学んでいたのです。

あやとり研究の先駆者たち

あやとりが学術書で発表されるようになったのは、今から120年以上前です。世界各地の先住民の文化を採集する探検隊がイギリスで組織され、トレス海峡への探検隊に参加したA.C.ハッドン博士らによってオセアニアのあやとりがはじめて報告されました。同じ頃、アメリカの文化人類学者、F.ボアズ博士によってカナダのあやとりが発表されました。それ以来、国際的なあやとりの研究が次第に各国ではじまりました。

カナダやアメリカ先住民のあやとりを採集したC.F.ジェーン夫人（アメリカ人）、アラスカ先住民のあやとりを採集したG.B.ゴードン博士（アメリカ人）、カナダ先住民のあやとりを大規模に研究したD.ジェニス博士（アメリカ人）、D.ジェニス博士の研究をまとめて一般に公開したA.C.ハッドンの娘K.ハッドン女史、オセアニアのあやとりを採集したH.C.モード夫人（イギリス人）、パプアニューギニアのあやとりを採集したF.D.ノーブル宣教師（イギリス人）等多くのあやとり愛好家によってあやとりの発掘が行われ、シベリア、アラスカ等極北圏の先住民のあやとり、南北アメリカ先住民のあやとり、アフリカのあやとり、オセアニアのあやとりなどが収集され記録に残されました。

K.ハッドン女史

H.C.モード夫人

日本あやとり協会の発足

日本でも1973年に数学者の野口廣がこれら世界の伝承あやとりの記録を発見し、科学雑誌や書籍などで紹介して「日本あやとり協会」を設立しました。日本中のあやとり愛好家が入会し、機関誌を発行して互いに自分の研究を発表し合っていました。のちに国際あやとり協会の編集員として世界のあやとり研究に大いに貢献したシシド・ユキオ氏や佐藤哲夫氏なども中心的なメンバーとして活躍していました。当時中学生で最年少会員だった杉林武典さんや、青年だった石野恵一郎さんは現在、余暇を利用して野口廣記念あやとり講習会の上級クラス指導員などを務めています。

あやとり講習会の風景

ホームパーティにてあやとりを楽しむ風景

町田子ども集会の風景

国際あやとり協会の設立と働き

日本あやとり協会には、海外からのあやとり愛好家の参加もありました。まず英国のP.D.ノーブル宣教師が加わり、日本語と英語の2冊の機関誌が発行されるようになりました。さらにオセアニアのあやとり研究家として知られるH.C.モード夫人なども加わり、国際色豊かになった1994年に協会は本部をアメリカに移して、「International String Figure Association ＝ ISFA（国際あやとり協会）」と名を改め、当時カリフォルニア在住のM.シャーマン博士に野口廣からバトンが渡されました。

　M.シャーマン博士を中心としたISFAメンバーたちの働きは本格的なもので、あやとりの採集・保存・研究が活発に行われ、現在世界中で3000種類以上のあやとりが見つかりました。それらの記録はハーバード大学、オックスフォード大学、オーストラリアやニュージーランドの国立図書館、スミソニアン博物館、英国人類博物館など世界の主要大学や博物館などに保存されています。日本でも国際あやとり協会の会員たちがそれぞれの場所であやとりの楽しさ、奥深さを人々に伝えています。

ISFA発行の書籍

野口廣博士（1976年2月、テレビ朝日「徹子の部屋」出演時の様子）

あとがき

　本書を通じて「世界の伝承あやとり」をカラー写真で皆様にお届けできることは大変嬉しいことです。
　1973年に故野口廣は日本でははじめての本格的な世界のあやとり本『あやとり』を河出書房新社から刊行しました。同書は当時ベストセラーとなり、続いて続編、続々編と刊行され、1980年には今は無き大陸書房から『あやとり』と題する大判の写真集が刊行されました。しかし当時はまだカラー写真の時代ではなく、残念ながらモノクロの写真集でした。
　その後、子ども向けのあやとり本はたくさん出版されていますが、本格的な世界の伝承あやとりを目で楽しむ本はあまり見かけません。そこで、本シリーズでは国際あやとり協会が収集した3000種類以上の世界の伝承あやとりの中から地域の特色が表れているものなどを選りすぐって、約150種類のあやとりを5冊に分けて写真でご紹介していきます。
　この1本のひもの輪は、何千年、あるいは何万年も前の時代に生きた人々と、現代に生きる私たちを結んでいます。時代を超え、人種を超えて人々の生活の様子をかいま見ることのできる伝承あやとりをどうぞお楽しみください。いくつかのとり方もご紹介しますので、ぜひあやとりの楽しさを味わってみてくださいね。

野口とも

野口とも のぐち・とも

国際あやとり協会会員、数学オリンピック財団元理事、イリノイ大学語学研修、国際あやとり協会創設者野口廣著あやとり本の著作協力をはじめ、動画の監修、テレビ出演や各種あやとりイベントの指導や世話役などを務めている。

著書は『大人気！！ 親子であそべる たのしい！あやとり』（高橋書店）、『あやとりしよ！DVD BOOK』（宝島社）、『いちばんやさしいはじめてのあやとり』（永岡書店）、『あやとりであそぼ！「おはなし」つきでたのしいよ』（日本文芸社）、『あそぼう、あやとり』（ベースボールマガジン社）、『決定版 かんたんあやとり』『頭がよくなる育脳あやとり』（共に主婦の友社）、『あやとりだいすき』（学研ステイフル）、世界の伝承あやとり『オセアニアのあやとり2』『南北アメリカのあやとり』（共に誠文堂新光社）等。

「真昼の太陽」(p.14掲載)をとる著者

表紙あやとり
「天の川」
2章扉あやとり
「かに」
(モデル：金子想)

協力
ISFA 国際あやとり協会
(International String Figure Association)

著作・撮影協力
杉林武典、青木萬里子(共にISFA会員)

あやとりをとってくれた人
佐藤直翔、佐藤春美、嶋津香、野口愛(共にISFA会員)

撮影
佐藤克秋

デザイン
三木俊一＋髙見朋子(文京図案室)

イラスト
山口洋佑(第1章)、あくつじゅんこ(第2章)

編集
山田桂、西まどか(誠文堂新光社)

＊「ロープの吊り橋」は野口廣がパプアニューギニアで採集し公表したもので野口廣に著作権があります。
＊「真昼の太陽」の著作権は国際あやとり協会に帰属します。
上記の無断使用は禁じられています。

世界の伝承あやとり
オセアニアのあやとり 1
あやとりの宝庫で見つけた傑作選
[オーストラリア・パプアニューギニア・ニュージーランド編]

NDC 798

2019年1月20日　発　行

著者
野口とも

発行者
小川雄一

発行所
株式会社誠文堂新光社
〒113-0033 東京都文京区本郷3-3-11
(編集)電話03-5805-7763
(販売)電話03-5800-5780
http://www.seibundo-shinkosha.net/

印刷
株式会社大熊整美堂

製本
和光堂株式会社

©2019, Tomo Noguchi.
Printed in Japan
検印省略
万一落丁・乱丁本の場合はお取り換え致します。

本書掲載記事の無断転用を禁じます。本書のコピー、スキャン、デジタル化等の無断複製は著作権法上での例外を除き、禁じられています。本書を代行業者等の第三者に依頼してスキャンやデジタル化することは、たとえ個人や家庭内での利用であっても著作権法上認められません。

本書に掲載された記事の著作権は著者に帰属します。これらを無断で使用し、展示・販売・レンタル・講習会等を行うことを禁じます。

JCOPY〈(一社)出版者著作権管理機構 委託出版物〉
本書を無断で複製複写(コピー)することは、著作権法上での例外を除き、禁じられています。本書をコピーされる場合は、そのつど事前に、(一社)出版者著作権管理機構(電話 03-5244-5088／FAX 03-5244-5089／e-mail:info@jcopy.or.jp)の許諾を得てください。

ISBN978-4-416-51901-1